古今東西、私が愛したルアーたち。

センドウタカシ 著
Takashi Sendou

つり人社

CONTENTS

センドウタカシ
古今東西、
私が愛したルアーたち。

 装丁＝長岡 学（MASTERPIECE GRAPHIX）

まえがき

バスフィッシングに出会って約40年。ただ好きというだけで続けてきて、気が付けば、これほども長い時が経っていました。

この愛しくも忌まわしき趣味のせいで、仕事に恋愛にと、人生における多くのチャンスを逃し続けてきました。それでも、嫌気が差すどころか、ドンドコドンドコのめり込む一方。それがいつしか生業になり、まさかこうして自分の名が冠された単行本が出版されることになろうとは……。

自分がバスフィッシングというものを知ったのが、小学校4年か5年の頃。時はまさに第2次バスフィッシングブーム絶頂期。京都に住む親戚の兄ちゃんから琵琶湖の話を聞かされ、釣り少年のバイブル・月刊『つりトップ』を擦り切れるほどに読みちぎり、ブラックバスという未知の魚に想いを馳せ続ける日々。そして、近くにバスが釣れる場所もないのに、ねだりにねだって、あるときついに人生初のルアーを買ってもらうことになりました。

田舎街の小さな百貨店の一角にあった釣具売り場には、バス釣り場のない町の釣具店とは思えないほど、多くのバス用ルアーが並んでいました。『つりトップ』で見たことのあるルアーを発見する度、「あ！　スーパーソニックだ！」「コネリーだ！」と

ロックな男を標榜し、無茶ばかりしていた独身時代。ですが、このころの経験が今も大きな財産になっています

ボルテージが上がっていたのを覚えています。そこで、悩みに悩んで買ってもらったのが、アカキンのラパラ・カウントダウンでした。

その時買ってもらったラパラは、今でも一生の宝物です……となれば美しいんですが、その後に行った初のバス釣行で、ものの数投で根掛かりロスト。小学生の自分に言ってやりたい。

「なぜシンキングのルアーを選んだ？　しかも、アカキンって……。それ、シーバスねらいのヤツやん」

中学に上がる頃、近所（といっても、勾配のキツイ山道で、自転車で1時間以上は掛かる）に出来たダムでブラックバスが釣れるようになりました。

そこからはバス釣り熱もグングン加速……と思いきや、通っていた中学校がテニスの強豪校だったこともあり、完膚なきまでに部活中心の日々。さらに、同じタイミングでロックンロールに脳天を直撃されてしまい、バス釣りはたまのお遊び程度。そんなわけで、第2次バスブームにドップリ浸かっていたわけではありません。

今思えばとてももったいない気もするんですが、その後の人生を考えると、この時期にロックンロールに出会えて良かったのかな？　それが正しかったのかどうかはわかりません。ただ少なくとも、その後の自分の人生はロックンロールとバスフィッシングによって方向づけられて行くことになるのです。

再びバス釣り熱に火が付くのは、高校を卒業して大阪に出てから。そこから激動のバス釣り人生が始まります。

変速機のぶっ壊れたブリヂストン・ロードマンで、毎朝通学前に近所の野池や川に釣りに出かけ、気が付いたら授業が始まる時間になってた……なんてのはザラ。朝は釣り、学校は遅刻、夜はバイトかバンドの練習。一緒にバンドを組んでいた先輩も釣りキチだったため、当然、休みの日も釣り&釣具屋巡り。

結局、勉強について行けず、留年したうえに中退という、最悪パターンの親不孝。今でも、その罪悪感がフラッシュバックするほどのトラウマです。

そして、第3次バスブームが到来。

メガバスやラッキークラフト、ズイールなどの人気ルアーがプレミア価格で取り引きされ、釣具屋の店内はそれらのパチモンであふれかえり、雨後の筍のように新たなルアーが生まれては消え、定番のアメリカンルアーたちはレジ前のワゴンにブチ込まれて投げ売られている……。そんなカオスな時代に、自分のバスアングラーとしてのパーソナリティは形成されました。

元々、ロックンロール育ちなので、人が作った流行りに乗っかるというのが大嫌い。と言っても、流行りもの全てが嫌いなわけではないんです。何の疑いもなしに〝流行りもの＝かっこいい〟みたいになるミーハーな風潮が嫌いなんです。

そんなわけで、みんなが「ポップX最高〜！」と言ってる横でポップRで釣りまくり、アライくんのパチモンを投げたくり、国内外の色んなルアーを試して、自分だけの最強ラインナップ探しを続けていました。

その頃の自分はトーナメントへの憧れが強く、とにかく釣りが上手くなりたかった。とは言え、「プロになりたい」とか「有名になりたい」などという気持ちは微塵もなく、ただただ、勝負の世界でしのぎを削っている達人たちに憧れていました。

そのために、空いている時間は釣りに行きまくり、入ったお金は釣具代と釣行費用に溶け、釣りが原因で仕事をクビになったこともありました。

誇れることではありませんが、その当時の経験や蓄積が、今の自分の原点になっているのは間違いありません。

今では家庭を持ち、引っ越しを機に、8畳の貸倉庫にパンパンだった釣具も、スチールラック2台に収まるくらいまでに減りました。自分の釣りもブラッシュアップされ、本当に必要なもの以外のストックを持つことをやめたからというのもあります。実際は、釣りに使えるお金が激減したというのが正直なところではありますが、それを家庭のせいにはしたくないですよね。妻や子供も我慢してくれてるし、世のお父さん方も皆さん頑張ってらっしゃるんですから。

その代わりと言ってはなんですが、最近では、エリアトラウトや海釣りなど他の釣りへのアンテナが伸び、そちらの仕事も増えてきました。そのせいで、「もうバスは辞めたんですか？」などと言われることもしばしば。

でも、自分のなかでは「バスは一生涯のライフワーク、エリアトラウトは崇高なる趣味、TVのロケでやる海釣りは最高の息抜き」という感覚。なんだかんだ言っても、バスフィッシングは一生辞められません。

今回の出版に際し、これまでの連載記事を改めて見直してみると、「アレ？　このルアー何度も出てるな〜」とか、逆に「あのルアー入ってないじゃん……」とか、色々な発見がありました。ただし、こんな本を出させていただいておきながら恐縮なのですが、勘違いしないでほしいのは、自分は決して「ルアーマニア」ではないということです。

マニアというのは、好き嫌いなく、その物事に対して全ての情熱を注ぐことが出来る人のことだと自分は思います。その点、自分にはルアーに対する好き嫌いがあります。そのルアーが作られたバックボーンも気になるし、「釣り人は釣りに行ってナンボ。釣具は使ってナンボ」と思っているので、使用をためらうようなコレクターズアイテムにもそれほど興味はないです。

せっかく汗水流して稼いだなけなしのお金で買うのだから、自分の琴線に触れるものだけ欲しい。気持ちよくお金を払って、気持ちよく使えるものにお金を使いたいんです。

だから、流行ってる物の事を知らなかったり、マニアであれ

家庭を持ってからは、中年の星を目指してバスにトラウトに邁進中。なかでもバサーオールスタークラシックに出場することは人生の大きな目標のひとつでした

ば知っているべき知識を持ち合わせていない、ということも多いんですね。

なので、この本には「何でこのテーマであのルアーが載ってないの？」的なページもたくさんあります。でも、趣味ってそんなものじゃないですか？　みんな右へならえじゃ面白くない。自分のイズムで楽しまないとね。

そんな感じで、自己満な連載を長きにわたって続けさせていただき、挙句の果てに単行本まで出させて下さった、『Basser』の佐々木編集長、谷川副編集長はじめ、つり人社編集部の皆さん、また、そのきっかけを作って下さった、前サポートメーカー広報の野村真司くん、渡辺剣さんには感謝しかありません。

また、ルアーや釣具だけでなく、沢山のことを教えて下さったギルの徳富社長、ランカーズの荒井さんはじめ、お世話になった釣具店の皆さん、釣りにまつわる先輩や釣友の御指導のお陰で、このような本を出させていただくことが出来ました。

本当にありがとうございました!!

最後に、家族、友人、いつも応援して下さる皆さん、そして、いつまでも心配をかけっぱなしの両親と親戚のおっちゃん&おばちゃん、天国でバスフィッシングを楽しんでる後輩の坂本丞司に、この本を捧げます。

2024年11月　千藤　卓

「A HARD DAYS NINJA」から
「古今東西、私が愛したルアーたち。」へ

連載14年間の歩み

「私とこの連載に
関わってくれた皆さん、
本当にありがとうございます」

msc.

MORI
TRUST

sato
ING
BSTD

PUMA

DUEL

モーター御利用の方へ
・モーター使用には、船舶免許が必要となっています。
・操船中は、ライフジャケットの着用が義務づけられてい
「国土交通省」

不道徳という竿に釣られるな

KEEP
CAST
AND
CARRY
ON

明星
低糖質麺
コンソメ味

釣り
NICE FISH!
40 cm up
BIG FISH!
45 cm up

DUEL

HARDCORE
PAZDESIGN

Sight Master
B.A.S.S.
JAPAN NATION
JAPAN B.A.S.S.
TOURNAMENT
EASTERN DIVISION
2nd.PLACE
JAPAN B.A.S.S. NATION
North Wave

Basser
Allstar Classic 2023
Basser Allstar Classic 2023
THE WILDCARD
in Biwako
WINNER
North Wave

North Wave

NiTRO 21

ZBC

センドウタカシの年表

●1974年10月11日
双子の兄と共に鳥取県に生まれる。

●8歳
釣りに出会う。母方の祖父に連れられて渓流へ。エサ釣りで釣ったヤマメが人生初フィッシュ。

●10歳
バスフィッシングを知る。『釣りトップ』を熟読。

●11歳
ラパラCD9を持って初めてのバスフィッシングへ。数投でロストし途方に暮れる。

●13～15歳（中学生）
中学ではソフトテニスと、冬はスキーにうち込む（テニスでは県大会優勝）。このころ、近所のダムで人生初バスを釣り上げる。ルアーは100円のスプーン。模様が薄い個体で、釣った魚がバスだと最初のうちはわからなかった。

●16～18歳（高校生）
ロックンロールに傾倒する。釣りは地元の渓流とダム、高校から近い海へ通った。ドラムと釣りばかりしていたせいで成績は学年500人中499位。ギリギリで留年を回避し卒業。

●19～21歳
高校卒業後、医療系の専門学校へ進学したが、バンド活動とバス釣り、そして車にもハマって中退。愛車は「MR2　AW11」。このころ、兄の友人に誘われ、印旛沼で初めてボートに乗ってバスフィッシングをする。

●22歳
懇意にしていた先輩のバンドが大ブレイク。「人手が足りないから手伝って」と頼まれ、そのバンドの事務所で働くようになる。これを機に大阪から東京へ拠点を移す。

●24歳
釣りが好きすぎるあまり、バンドの全国ツアー中も暇があれば釣り。それをよく思わないツアークルーと揉める。片手間に受けていたドラム・チューナー（レコーディングやライブなどでドラムの音を作る仕事）の仕事が増えてきたこともあり、事務所を退社しフリーランスへと転身。

●24～30歳すぎ
バイトとドラム・チューナーの仕事を掛け持ちしつつ生計を立てる。このころは狂ったように釣りへ。一時、東京の住まい以外にも、京都（琵琶湖）と土浦（霞ヶ浦）に釣りの拠点となる部屋を借りていたことも。初のメディアデビューは『Rod and Reel』のモノクロコーナー。

●34歳

釣りの仕事が増え、ドラム・チューナーの仕事を辞めてフルタイムのバスプロに。デプス(ストラッグルアーツ・ブランド)から初のプロデュース作品となるロッド「サムライニンジャハラキリフジヤマ」がリリース。

●35歳

デプス(ストラッグルアーツ・ブランド)から、ワーム「ベアクロー」リリース。

●37歳

DUELとプロスタッフ契約。その後、NOI-Zやフラット、ニンジャスイマー&グライダー、MOE-B、フラッシンバイブ、3DSクランクSSRなどをプロデュース。『Basser』誌連載「A HARD DAYS NINJA」がスタート。

●38歳

第一子誕生。「円高のうちに」と、人生初バスボートを購入。モデルはレンジャーZ520。

●40歳

第二子誕生
バスオブジャパン、JB2霞ヶ浦などのトーナメントに参戦。

●42歳

釣りビジョンの人気レギュラー番組「ぶらりバスの旅」がスタート。エリアトラウトにもハマる。

●43歳

バスオブジャパン桧原湖戦優勝。エリアトラウトの大会にも積極参戦し、トラキン(トラウトキング選手権大会)でエキスパートに初昇格。

●44歳

家庭の事情で名古屋に引っ越す。北湖東岸・長浜港を拠点に琵琶湖プロガイドとして活動開始。

●45歳

レイク・フォークで行なわれたバスマスターエリート戦で、ブランドン・コブがフラット110を用いて優勝。

●47歳

『Basser』誌にて新連載「古今東西、私が愛したルアーたち」がスタート。

●48歳

平谷湖フィッシングスポットや日進総合運動公園プールフィッシングにてエリアトラウトのインストラクターとして活動を開始。

●49歳

Basser オールスタークラシック「WILD CARD琵琶湖」を制し、オールスター本戦に初出場。ワイルドカードは参戦4回目で悲願の優勝となった。

1st LOVE!

思ひ出ぽろぽろなルアー&タックル

思い出のルアーやタックルを引っ張り出して、自分のバス釣り史を振り返ってみる。そんな楽しみ方も、バス釣りのひとつ。初めてのバス釣り、これまでに釣った最大魚、あなたにとって一番印象に残っている思い出は何ですか？

“記憶魚”を連れてきてくれたルアーたち

初めてバスを釣ったときのことや自己最大記録を釣りあげたときのことなど、読者の皆さんにも、バスフィッシングを続けてきたなかで、いろいろな思い出があると思います。

ちなみに、自分の人生ファースト・バスは、中学2年生の夏。釣具屋のレジ横に掛かっていた1個１００円のオレンジ色のスプーンで釣りました。

と言っても、近所のダムで釣りしてたら、見たことのない魚が釣れて、あとで調べたらそれがブラックバスだったというオチ。バス釣り自体は小学校高学年のころからやっていたし、写真ではさんざん見ていたけれど、本物を見たことがないために、それがバスだとわからなかったんですね。お恥ずかしい……。

そしてその後、ルアーで人生2尾目のバスを釣るまで2年以上……。それでも、釣りに行くのが楽しくて仕方なかった少年時代。

あるとき、親戚のおっちゃんと海にキス釣りに行った帰り、投げ釣り仕掛けにイソメを付けてブン投げたら、３つの針すべてにバスが掛かり大慌てしたということもありましたね。いずれも、30年以上も前のことですが、昨日のことのように鮮明に覚えています。

それから現在に至るまで、バスフィッシングは自分の人生の礎となり、沢山の思い出をもたらしてくれました。

ということで今回は、自分のバス釣り人生のなかでも、とくに印象に残っているルアーを御紹介させていただきたいと思います。と言っても、デカバ

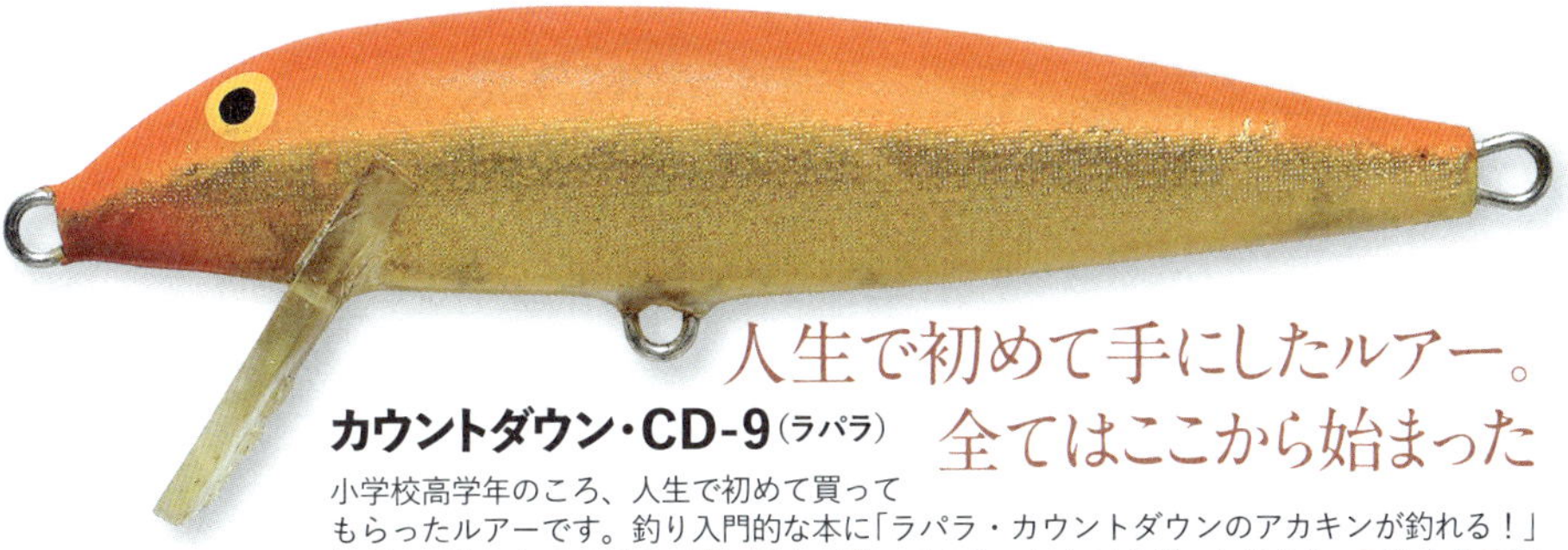

人生で初めて手にしたルアー。全てはここから始まった

カウントダウン・CD-9（ラパラ）

小学校高学年のころ、人生で初めて買ってもらったルアーです。釣り入門的な本に「ラパラ・カウントダウンのアカキンが釣れる！」と書いてあったのを見て、親に頼んで買ってもらったんですが、大きくなってからその本を読み直したら、実はシーバス用だったというオチで……。しかもそのときの物は、買ってもらった翌日くらいに根掛かりでロストしました。めちゃくちゃ凹みましたね。写真の物は大人になってから、初心を忘れないように買い直したものです

T.D.クランク（ダイワ）

これ実は、高校時代の友人から借りっぱなしになってるルアーなんです。高校３年生の夏に「これ釣れるから、使ってみなよ」と貸してもらったんですが、ロストが怖くて全然投げれなかったのを思い出します。結局、彼に返すのをすっかり忘れたまま卒業してしまって……。その後、自分は地元を離れてしまったので、それっきり会うこともなく、今に至るという。いつか同窓会でも開かれた際に返せればなと思い続けて30年。しかし、いまだに同窓会のお呼びは掛かりません

バスハンターⅡDR（ダイワ）

ラパラ・カウントダウンを失い、失意のなか訪れたデパートの釣具コーナーで買ってもらったのが、バスカラーのバスハンター。すなわち、これが自分にとって人生初のバス用ルアーです。ラパラの悲劇を繰り返さないよう、大事に大事に使って、成人するまで使い続けましたが、ロストするまでに釣ったバスは多分、数尾……。あまり釣れなかったけど、このルアーを投げているだけで本当に楽しかったですね。その頃の気持ちを忘れないために、似たカラーの物を買い直し、今でもボックスに入れています

スを釣ったルアーとかではありません。

自分自身、今現在プライベートの釣行で釣果写真を撮ることは、ほとんどありません。大きい魚を釣りたいとか、誰かに釣果を自慢したいというのは釣り人の性（サガ）だと思うんですが、どうやら自分にはその感覚が欠落しているようです。

もちろん、大きなバスが釣れたら嬉しいんですが、そういう〝記録〟にはあまりこだわりがないんですね。しかしそれでも、そのときの思い出というのは、心の中にしっかりと刻みつけられていきます。その思い出を誰かと分かち合い、喜びや感動を一緒に噛みしめるために、自分はガイドをやったり、管理釣り場のアドバイザーをしてるのかもしれません。

ゲストの皆さんの記憶に残るような釣りができるよう、これからも頑張りたいと思いますので、機会があれば是非遊びに来て下さいね～！

ベアクロー

（ストラッグルアーツ）

これは自分の釣り人生において初めて手掛けさせていただいたルアーです。発売当初は、現在アメリカで活躍中の木村建太プロや松下雅幸プロなども愛用してくれてましてね……。木村建太プロが、当時の琵琶湖オープンのトーナメントレコードで優勝した時、ラバージグのトレーラーにこのワームを使ってくれてたんです。あれは本当に嬉しかったですね。その経験が、のちの物作りのモチベーションの源です。またみんなに喜んでもらえる物を作りたいです

4inグラブ

（ゲーリーインターナショナル）

自分の釣り人生のなかで最も多くのバスを釣らせてくれたルアー。そして自分を完膚なきバスフィッシング・ジャンキーにした罪深きルアーでもあります。若いころ、暇さえあればこれだけ持って釣りに行ってました。自分にとっての4inグラブは、何と言ってもグラビンバズ。ワームが使えた時代の河口湖、まだ誰も手を付けてなかった霞ヶ浦水系の小河川、遠征先の野池や野ダム、どこへ行ってもピロピロピ〜でBAHOBAHOでしたね

ハードコアミノー・フラット110 **（デュエル）**

このルアーは「アメリカのプロトーナメントで優勝できるルアーを作る」という自分の夢をかなえてくれたルアーです。2019年にはバスマスターエリートシリーズの試合、そして2024年にはなんとバスマスタークラシックのウイニングルアーにも！　自分のプロデュースしたルアーはすべてが我が子のように愛しいんですが、そのなかでもとくに思い入れのあるルアーです

超貴重なハンドメイドバージョン

ローファイ

これは市販されていた物ではなく、兄が自作していた初期のハンドメイド・バージョン。……と言っても、自分が木を削らされていたので、半分は自分が作っていたということになりますが（笑）。このころは兄も自分もお互い独身で、時間もたくさんあったので「ああでもない、こうでもない」とふたりでいろいろなチャレンジを繰り返してました ね。これを見ると、反骨心の塊だったあのころのアツい気持ちを思い出します。いい時代でした……

アンバサダー 4600CI（アブガルシア）

初めてもらったバイト代で買ったのがこの4600C。当時はポップRとゼル・ローランドにハマりまくっていたので、赤スコーピオンにもTDにも興味がなく、丸形アブ一直線でした。とは言え、さすがにゼルローランドモデルは買えず、一番安かったこいつを近鉄ハーツの玉川フィッシングセンターで9800円くらいで買ったんです。あのころの釣具屋さんって、どの店も個性があって面白かったですよね。当時通った釣具屋さんもだいぶなくなっちゃいましたが、その思い出は、今でも心の中で生き続けています

バイブラシャフト（スタンレー）

高校を卒業し大阪に出てから本格的にバス釣りにのめり込み始めたんですが、そのころ、一番苦手だったのがワイヤーベイト。それを克服したくて、1年くらいスピナーベイトしか投げない時期がありました。友達から借りた原チャリで、淀川や神崎川、高槻や堺の野池なんかを巡って、スピナーベイトばかり投げてましたね。実績や知名度がある物の中で一番安く買えたので、バイブラシャフトばかり使ってました。このルアーは、まさに青春の1ページです

ケイロン・ハイパーシャフトS70L（ジャクソン）

高校を卒業して大阪に出た当初、ライブハウスで仲良くなった先輩方とバス釣りに行くことになったんです。みんな年上なので、ロッドはレスターファインやらラグゼなどの高級品を使っていて……そんななか、安物のサオで行くのが恥ずかしくて、釣行前日に大阪駅のトピックという釣具屋さんで買ったんですよね。それから30年、登板回数は減ったもののいまだに現役です。使い込み過ぎてグリップが分解しちゃって、無理矢理テネシーグリップ化したのも懐かしい思い出です

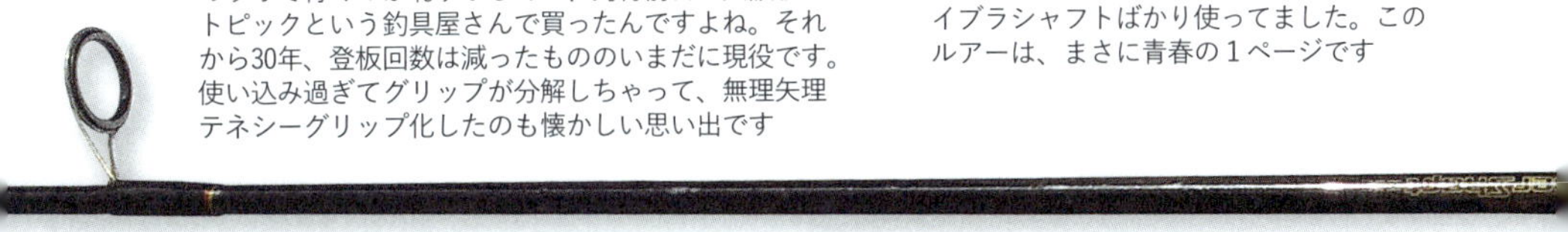

GEN（ラッキークラフト）

バスブーム時代の仇花的な扱いをされることの多いルアーですが、個人的には、最も実績の高いペンシルベイトのひとつなんです。動き、サウンド、使い勝手、すべてにおいてGREAT! 時の流れとともに、いい色の物がどんどん手に入りにくくなってきているのが悲しい……

これを
イロモノ視してるようじゃ、
釣り人失格ですよ

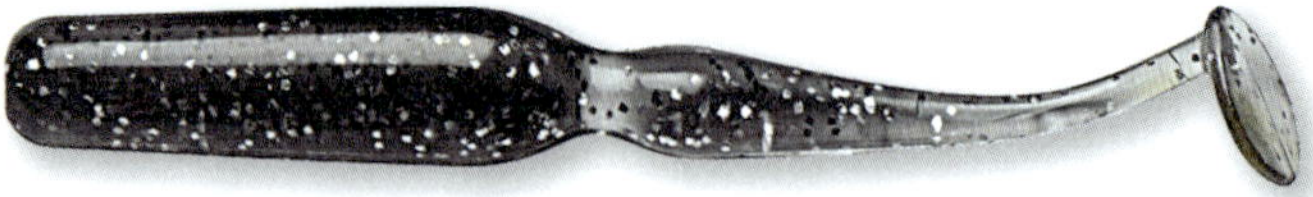

スイングベイト（テンプト）

野尻湖や桧原湖など、スモールマウスレイクの名手たちも愛用する超定番。タイミングによっては、こいつのひとり勝ちということも少なくない、激釣ワームです。廃盤でしたが、なんとケイテックさんより復活!! 見掛けたら、ためらわず買いましょう！

クリスタルトレーラー（ノリーズ）

かつてはジョーテック・ワッキーワームなどで人気を博し、最近また脚光を浴びているツインテール系のワーム。今さらではありますが、クリスタルトレーラーは長らく自分のセコ釣りシークレットでした。ネコリグや軽めのジグヘッドワッキーがオススメです！

スライダー3in（スライダー）

バスブームのころに日本別注で作られたスライダー3in。ダウンショットとの相性はいまだ一線級。実はこれ、アメリカ本国から取り寄せれば、現在でも入手は可能。でも、あのころのようなカラーバリエーションがないし、かなり割高。ほしい人は店頭在庫を漁りましょう

マイクロクリンクルカッツ（ポパイ）

容赦なく釣りたいときの最終兵器として、いまだ一軍で活躍中。シンプルな形状で、どんなリグにでもマッチするし、何といっても、マテリアルの張り張りした感じがイイです。バスが躊躇なく口を使う感じがするので、サイトフィッシングで使うことも多いですね

MOE-B（デュエル）

一部では絶大な支持を得ているMOE-B。一見、エビっぽい形のシャッドプラグですが、シャッドのようには使いません。ワームのように使うルアーです。そんなMOE-Bですが、悲しいことに、カタログ落ちしてしまっております……。店頭で見かけたら、即買い必至ですよ!!

マルチウォブラー（ティムコ）

琵琶湖の名手・平村尚也氏監修の激釣ワーム。コンセプトから性能まで、キッチリ理論立てて作られただけあり、使いどころも使い方もわかりやすくてよく釣れる！　おすすめリグは、なんといってもキャロ。もちろん琵琶湖以外でもよく釣れます

ボージャック（スミスウィック）

いろいろな事情で、二度と復刻版は発売されないらしいこのルアー。復刻版は速巻きで安定しないなどという問題もあったけれど、個人的にはオールドのオリジナルモデルじゃなくても、復刻版でOK。リップをリューターで削って薄くすると、神ルアーに生まれ変わります

フローティングエアフライ（リバーサイドルアーズ）

穴空き中空ボディーで、高浮力が売りの懐かしワーム（でも、実際は普通に沈むというね……）。すべての穴にお気に入りのフォーミュラをぶち込めば、マックスセントや巧漬けを超える、スーパー豪グサワームのできあがり。う～ん、釣れそう！　誰か試してみてください

スキップミノー（ティムコ）

野良ネズミでお馴染み、ティムコ・クリッタータックルの隠れ名作。カバーにぶち込むフローティングジャークベイトという設定、今の日本のバス釣りシーンにおいてはニッチすぎた感が否めませんが……。ジャークベイト好きなら、手に入るうちに一度は試しておくべき！

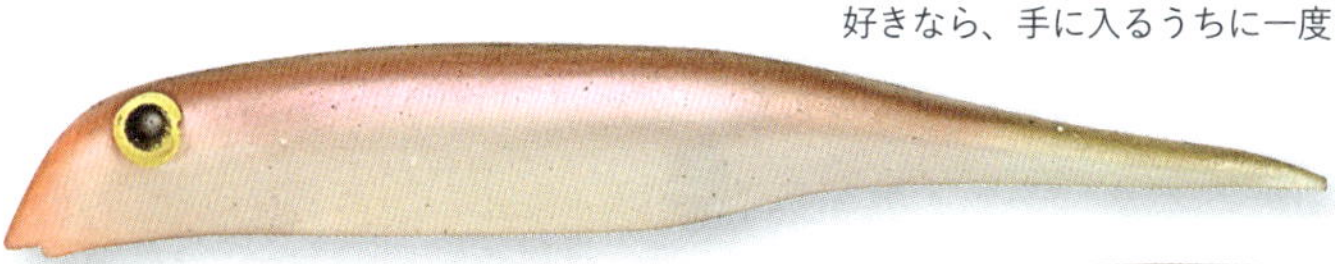

フォクシーフライ（アイマ）

固定重心でフラットサイド、ただ巻きでも小技を入れても使いやすく、キャスタビリティーも高い。見た目的にも釣れそうな匂いがプンプンしてるし、このルアーを作った人は天才だと思いますね。現状、同じ使い方をできるルアーがないので、見つけたら即買いしてます

早過ぎた天才が生んだ奇跡の名作

ストリッパー
（アングラーズスタンダード）

すべてにおいて早すぎた天才、Dr.WAKAの力作。これで日本記録を釣ったら150万円もらえるという画期的な企画もありましたね。イロモノ的な目で見られることが多いですが、使い方もイージー（基本ただ巻きでOK！）で、文句なしによく釣れるルアーです。今でもよく使います！

シャローラビット
（ウッディベル）

ベテランアングラーのなかには､｢春先にパラアシエリアのクランキング＝シャローラビット」というイメージを持っている人も多いんじゃないでしょうか？　最近は、この手の形状のシャロークランクがないので、今投げたらムッチャ釣れそう！と思うんですが……

ゾンビクランク2（デュエル）

ゾンビシリーズのルアーは、本当にヤバイ。そして、惜しい……。独自のソフトマテリアルには、唯一無二の有効性と、理屈じゃ語れないパワーを感じます。比重などの問題で、当時は投げづらさなどが目立ちましたが、現在のタックルで使えば全然余裕。まさに今が使いどき!!

メディス（ジャッカル）

元々とても優秀なルアーなんですが、自分的に無双感を感じているのが、コパーとかオリーブとか、なかなかないカラーのメッキブレードの設定。メッキのブレードなんて個人レベルじゃ作れないですからね。このブレードを入手できるだけでも、充分すぎる価値があります

キッカーイーター
（エバーグリーン）

今江克隆プロ監修、ドリルロールアクションで一世を風靡したキッカーイーター。バスブームのころにバカ売れしたので、今でも中古釣具店で見かけることが多いですね。クランクベイト的に使っても超釣れるので、ロングビルミノーに苦手意識がある人にもオススメです

アライくん（ズイール）

バスブーム世代ならずとも心ときめく名作中の名作。可愛いルックスに目を奪われがちだけど、実釣性能も極めて高い。チマチマアライくん、ジタバタアライくんなどの派生モデルも、いずれ劣らぬ良品揃い。愛好家に買い占められる前に買うべし！

ダビートバグ（アイマ）

たぶん、バスフィッシング史上最小の超小型の中空フロッグ。FUNNYなルックスでありながら、トレブルフックで武装しているあたりの本気感がヤバい。「虫系ルアーじゃ駄目なの？」と言われれば、それまでなんですが、これで釣りたい！　と思わせる魅力には勝てません

TDハイパークランク206XS（ダイワ）

金属リップを装着した、シンキングタイプのエクストラディープダイバー。ほかに同じようなルアーがないということで、歴の長いトーナメンターのなかにはいまだに信奉者も多い。キャスティングではなくドラッギングで使うのがデフォルト

アクションエアテール（プロズファクトリー）

これはね、匂いをかいで昔を懐かしむだけのために買う（笑）。「昔のワームってこんな匂いだったな。昔のルアーショップってこんな匂いだったな……」と。バスブーム世代のおじさんにとっては、それだけで価値がある！　もちろん、今でも充分釣れるルアーですよ

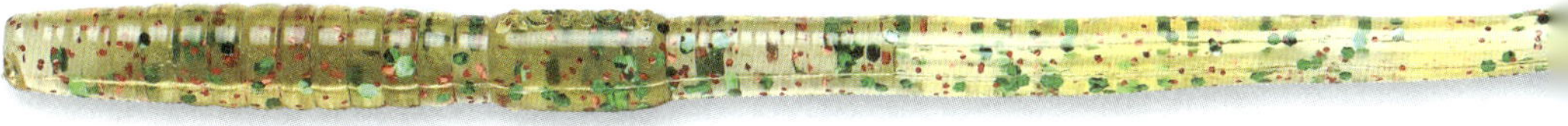

釣果云々なんて野暮。この匂いこそが俺の青春

ガッツィ（ベイトブレス）

庄司潤プロ監修の早すぎた名作。ただ見た目をリアルにするだけでなはなく、ふんだんに盛り込まれたこだわりがグッときますね。当時はライブベイトリグ用としてのイメージが強かったけど、表層I字引きやキャロでもよく釣れました。今出したら絶対売れますよね

アイスクリームビルシャッド（NBC）

藤木淳プロ、今江克隆プロ共同開発、トーナメント仕様の超ディープダイビングシャッド。公称潜行深度はキャスティングで3m、ドラッギングで最大6～8m。ノーマルサイズでこの深さをねらえるシャッドは、いまだこれを置いてほかにない（……はず）

2nd LOVE!

ブレイクスルーで深まったポッパー愛

愛嬌のあるルックスに秘めたパワーで、エキサイティングなバイトを導き出す。単純そうだけど奥が深い。やり込むほどに好きになる。エンジョイ派からガチ勢まで愛されるポッパーは、トップウォーターの王道なのです。

初のポッパーフィッシュはただ巻き

自分にとって、ポッパーはとても思い入れのあるルアーです。

自分とポッパーの出会いは、今から30年近く前。当時はまだスモラバやダウンショットリグなんてなくて、ジグヘッドリグやスプリットショットリグがフィネスの最先端。猫も杓子も、もちろんワタクシも、ゲーリーグラブ万歳！　な時代です。

そんなある日のこと、近所の釣具屋で顔見知りになった店員さんに聞いて、初めてポッパーというルアーの存在を知ります。

厳密に言うと、子どものころに買ってもらったフラポッパーを持ってはいましたが、とうの昔にルアーケースの肥やしになってしまっていて、存在すら忘れているという……（笑）。

そんなわけで、早速、特価のワゴンに入っているポッパーを買って、いつも行く釣り場に向かいました……。が、詳しい使い方も聞かずに来ちゃったものだから、どう使っていいかわからない。とりあえず投げて、適当に巻いてみても、ヌ〜っと泳いでくるだけ……。

おいおい、こんなんで釣れるのかよ〜？　と半信半疑になりながらも、店員さんを信じてただ巻きし続けた結果は……、なんと想定外の大爆釣（笑）。

「ポッパー、めっちゃ釣れるじゃん！」と、それからしばらくは、猿のようにポッパーだけを投げ続ける毎日。しかし、同じような爆釣劇には二度と遭遇することもなく、ポッパー＝表層棒引きで使うルアーという誤った認識のおかげで、その単調な釣りにも飽き、や

マイケル（フェニックス）

名品の誉れ高きTIFA製マイケルと同名ですがまったくの別物。見た目の造形なども違うけど、最大の違いは、こちらは横アイだということ。ポッピングのパンチ力はちょっと弱いんですが、スナップ接続して細かいトウィッチで使うと180度近いテーブルターンが可能で、非常にネチっこい攻め方ができます。TIFA製のマイケル愛好家からは酷評されることも多いけど、これはこれでとてもイケてるルアーだと思いますよ！

POP-R（レーベル）

これは完全に思い入れ枠のルアーです。我々40代半ば以上の世代にとって、ポッパーと言えばPOP-R！ ということで、異論はありません……よね（笑）？ POP-Rをオマージュして作られた優秀なポッパーも多いですが、存在感、かっこよさという点で、これを超えるものはなかなかない。現行でも販売されていますが、個人的にはエクスキャリバー時代の、Zell Rowlandのサイン入りのものがお気に入りです

カテゴリーを超越する バスルアー界のマスターピース

がてポッパー熱も冷め、完膚なきまでのゲーリー・グラブ野郎になっていくわけです。

今ではポッパー万歳なワタクシ

ポッパーのセカンドブレイクは、それから何年も経ったあと。ゼル・ローランドがPOP-Rで釣りまくっているビデオを観たときでした。「あ、ポッパーって本当はこうやって使うんですね……」と過去の自分に赤面。

そこから、失われた時を取り戻すかのように、POP-Rを投げ倒し、いじり倒し、ありとあらゆるポッパーを使い、現在に至ります。今では、初めてのときに棒引きで釣れた理由も、なんとなく理解できるようになりました（笑）。

以前、尊敬する先輩バスプロの方から「ポッパーって、そんなに何種類も要らないだろ？」と言われたことがあ

POPX（メガバス）

一大ブームを巻き起こした歴史的名作。当時は「どうせ手に入らないし……」と、興味を持てなかったんですが、ブームが落ち着いて改めて手に取ってみて、人気の理由に納得。その造形ばかりに目が行きがちですが、ルアーとしての性能も一級です。ポップ音やスプラッシュは控えめですが、立ち浮き気味でロッドワークに対する追従性も高いので、ペンシルベイト的に首を振らせて使うのが気持ちいいです

ビンクシー（ジャッカル）

このルアーを初めて見たとき、「ポッテリしたポッパーに、思いつきでパーツを取り付けただけのルアーでしょ？」と思ったんですが、1投した瞬間に猛省……。極限まで移動距離を抑えて、しっかりアピールできて、かつ適度なサイズ感。すべてのパーツ、形状に意味がある。もう、釣れるイメージしかわかない、グレートなルアーでした。細かいトウィッチでの首振りアクションが秀逸。バスも人も悶絶間違いなし！

ります。たしかに、使う場面やシチュエーションを想定すると、1日のなかで何種類ものポッパーを使い分けるということは、あまりないかもしれません。

でも、ボディーの形状や大きさ、ウエイトバランス、浮き角度、アイの向きなど、それらによって生まれるアクションも音もキャスタビリティーもルアーによって全然違うわけで、同じルアーでも、ラインを直結するかスナップやスプリットリングで接続するかで、アクションや使い勝手も大きく変わってきたりします。

というわけで今回はこれまで使ってきたなかでも、とくに感銘を受けたポッパーを紹介させていただきます。

フラポッパー
（フレッドアーボガスト）

とぼけたフェイスに、ゴボッ！　というパワフルなサウンド。そして、不自然に揺らめくフラスカート。その洗練されてない大味な感じが、古きよきバスフィッシング黎明期の雰囲気を感じさせてくれます。正直、これで爆釣を味わったことはありません……が､「これで釣れたら最高にHAPPY！」まさに、そんなルアー

ファニーなフェイスは
眺めてるだけで気分上々

ハードコアポッパー（デュエル）

琵琶湖のプロガイド・黒須和義氏監修モデル。現在の自分の主力ポッパーです。浮き姿勢は水平で、ポッピングでも首振りでも操作性が高く、多彩なアクションが可能です。また、卓越したキャスタビリティーも特筆すべき点。琵琶湖のような広大なフィールドでは強力な武器になります。コストパフォーマンスも高くて、扱いやすく、よく釣れる。おすすめのポッパーですよ

琵琶湖での釣果。ペンシルではノーバイトだったのに、ポッパーに変えた途端、40cm～50cm台が連発。これぞポッパーの魔力。使用ルアーは、信頼のDUEL・ハードコアポッパー。ひとり釣行だったため、デッキ置きの写真でスミマセン

ファンキーフロッグ（エバーグリーン）

パワフルなポップ音、ロッドワークでテーブルターン、ただ巻きでノイジーのようにカポカポ泳ぐという、多彩な性能を備えたポッパー。しかし、それは表向きの姿。その真価は着水音にあり！　事実、平べったいテールが生むペタンとした着水音が魚を呼んでくれるシーンを、何度も見てきました。その経験が、現在の自分の釣り、ルアー作りに生きているのは間違いありません

バスパー（ケンクラフト）

バスブーム懐古の象徴とされることが多いですが、それだけでは本当にもったいない。当時のレベルでは自分も正当評価できませんでしたが、改めて見直してみると、キチっとした作りで、高い性能を秘めたルアーだということがわかります。フェニックスのマイケルと同様、横アイというのがひとつのキモ。スナップ接続で首を振らせてみて下さい。水中動画を撮影したくなるくらい、ヤバい動きが出せますよ

スキニーポップ（ジップベイツ）

特徴的な細身のロングボディーは唯一無二。I字系ルアーが世に出る前、表層ただ巻きでI字的に使って、よく釣れた思い出があります。その場合ラインは直結ですが、スナップ接続でペンシルベイト的に使うのもオススメ。スライド幅を抑えたドッグウオークは、まさにフィネスなチャグバグ。浮き姿勢は立ち気味なので、頭部分に板オモリを貼って浮き角を調整すると、アクションの幅が広がります

ボイルトリガー（ジャッカル）

多彩なアクションが持ち味のジョイント・ポッパー。イメージをアクションに伝えていくタイプのルアーなので、正直、誰でも簡単に使いこなせるというわけではないですが、こいつじゃないと駄目なシチュエーションが存在するのも事実。とくに、デッドスティッキングやシェイキングでのピクピク系アクションなど、スロー＆放置プレーで強さが光りますね。細身でジョイントというだけで尊いです

ベビーポッパー（ラッキークラフト）

小場所でも使いやすく、ハイプレッシャー釣り場でもよく釣れる、小型ポッパーの元祖。ベテラン釣り師の皆さんも、このルアーに助けられた人は多いのではないでしょうか？　ベイトタックルでも使えますが、やはりスピニングタックル+PEラインでの使用がストレスフリー。ロッドワークが上手くできなくても、デジ巻きでしっかりアクションしてくれるので、初心者の方にもオススメですね

スプラッシャー（ランカーズクラブ）

これは、かなり昔のソルト用のルアーです。一応ポッパーのカテゴリーで発売されていましたが、バスフィッシング的な使い方ではなくて、高速ただ巻きで使うのがデフォルト。発砲素材のおかげか、水絡みもよく、水面を跳ねる感じもすこぶる軽快。アユなどを追ってボイルしまくってるような状況では劇的な威力を発揮してくれました。しばらく使ってませんが、多分、今使ってもメチャ釣れると思います

チャグバグ（ストーム）

個人的には、ラトル音とスプラッシュでアピールするペンシルベイトという感覚のルアーです。ターン性能が非常に高く、ドッグウオークも得意。直結でも動いてくれますが、スナップ接続で使うほうが、よりレスポンスのよいアクションが出せます。この見た目だし、その実力を知らないとファニーなルアーな感じがしますが、実は一線級の実力を備えるガチルアーです

3rd LOVE!

スピナーベイト・クロニクル

「一番好きなルアーは?」と聞かれたら、スピナーベイトと答える！
……かもしれない、というくらいのマスト・ルアー。
でも、初心者時代は、最も意味不明なルアーでした。そんなスピナーベイトの魅力に迫る！

目覚めはバイブラシャフト

自分がバスフィッシングにハマって、一番最初にマスターしたい！　と思ったルアーがスピナーベイトでした。当時、ド素人時代の自分にとって、針金に金属の板とモジャモジャのラバーがついたこのルアーは、魚の形をしたプラグや、やわらかい素材のワームに比べ、釣れるというイメージがまったく湧かないルアーの筆頭。でも、雑誌を開いても、釣り具屋さんなどで話を聞いても、上手そうな人は皆「スピナーベイトは釣れる！」と口を揃える。

浅はかな若者だった自分は「上級者になるためには、スピナーベイトをマスターするしかない!!」と、春夏秋冬、季節・場所を問わずスピナーベイトだけを投げ続けました。

しかし釣果は……。

当時はバスブーム全盛。メガバスやラッキークラフトのルアーが大人気で、プレミア価格で売買されていた時代。スピナーベイトと言えば、エバーグリーンのデルタフォース。玄人好みのドラゴン、ハンクル。もちろん、スピナーベイトにおいてもメガバスは大人気。情弱な若者だった自分は、釣り具屋さんに薦められるがままそれらのスピナーベイトを買い漁り、頭の中だけは爆釣気分。しかし、実際にフィールドに出ると、ロストを恐れ、ビクつきながら、根掛かりの少なそうなオープンウォーターばかりにキャストを繰り返していたという、悲しい現実。

そりゃ、釣れるわけないですよ……。

そんなとき、上手い常連さんが多いことで有名だった関西の釣具店に行ったときのこと。場違いな空気に恐縮し

世界のTO·大森貴洋氏が生んだ力作

T.O.スピナーベイト
（TOルアーズ）

自分のなかのキング・オブ・スピナーベイト。1/2ozタンデムウイローにはたくさんの思い出があります。正直、大味な作りだし、機能的な突き詰め方は最近の物の方が突っ込んでると思うけど、リズム的に自分に合ってるんだと思います。持ち駒が少なくなってきたので、最近はもっぱら観賞用（笑）

eスピン（ドラゴン）

スピナーベイトというか、ジグスピナーなんですが……。まだワームが使えたころの河口湖で圧倒的に釣れたのがこのeスピンとバレットのコンボ。色も、写真とまったく同じ黒の組み合わせ。当時イケイケだった河口湖系のトーナメンターの人に教えてもらったんですが、超絶に釣れましたね。いい思い出です

SRミニ
（エバーグリーン）

日本のバスフィッシングシーンにコンパクトスピナーベイトを定着させた立役者。自分的には、コンパクトスピナーベイトと言えばベビースピンなので、フルサイズのスピナーベイトとベビースピンの間を埋める感覚で使っていました。オカッパリでは今でも主軸！

ながら、ショーケースに飾ってあるデルタフォースを購入したい旨を伝えたところ……。

「兄ちゃん、スピナーベイトは障害物やボトムに当ててなんぼ。ビビりながら高いルアー投げるくらいなら、安いアメもん（アメリカ物）の方が百倍釣れるわ！」

と、薦められたのが、スタンレーのバイブラシャフト。本当は、自分にデルタフォースを売りたくなかっただけなのかもしれませんが、その店員さんのアツい言葉に背中を押され、そこからは、入手しやすくて値段も安い、ブルドッグやスタンレー、そして、ボーマーのブッシュワッカー（よく行く店で380円で買えた！）など、アメ物スピナーベイト一辺倒に。

根掛かり・ロストを恐れずに、当てまくって、引っ掛けまくってを繰り返すうちに、キャストも上達し、釣れるリズム感的なものも身についてきて、

飛躍的に釣果が出せるようになってきたんです。

　あれから約20年。機能的にも性能的にも進化したスピナーベイトが多く発売され、今ではバイブラシャフトもブッシュワッカーも使うことはなくなりました。でも、今使っても、スゲー釣れるんだろうな。

ハイピッチャー
(O.S.P)

FECOのモデルもあるので、トーナメントでも使えるからというのもありますが、なんだかんだで、ここ近年で一番使用率が高いのがこれ。フィールドを問わず使いやすいサイズ感と、レスポンスのよいスイミングアクション。とにかく、これを投げておけば釣れる！　という安心感。なんか、普通すぎて悔しいんですけど……(笑)

HOOKER（スミス）

今はなき名店・心斎橋フィッシングサロンの店員さんに猛烈に薦められて、使ってみたら、猛烈に釣れたんです。キャスタビリティも悪いし、レスポンスも悪いし、速度域によってはまったく動かないんだけど、まぜかデカいのが釣れる。どんなルアーでも、使いどころによって神がかり的な力を発揮するということを知りました

バイブラシャフト（スタンレー）

初心者のころスピナーベイトというのは一番苦手なルアーでした。でも、とあるとき、このままじゃダメだ！　と思って、一年間、スピナーベイトだけ投げ続けたんです。そのときよく使ってたのが、バイブラシャフトとブルドッグ。時代もよかったとは思いますが、このふたつは、本当によく釣れた。自分的スピナーベイトの原点です

ニンジャ的
スピナーベイトの
原点はコレだ!

Bカスタム（デプス）

メインにしているフィールド的な要因もありますが、昔はそれほど使用頻度の高いルアーではなかったんです。それでも、琵琶湖などでデカいのをねらいに行きたいときは必ず用意していました。スピナーベイトでの自己レコード63cm（重さは未計測）はBカスタムによるものです

ネクロマンサー（ティムコ）

反則っていうのは、このルアーのためにある！　サイズを問わなければ、最強に釣れる。ワームを使わないという前提で、「イワシサイズでもいいから釣りたい」、「初心者の友だちにバスを釣らせてあげたい」という状況では、超絶にオススメしたいです。これがFECOだったら、トーナメントで投げまくりたいですよ

クリスタルS（ノリーズ）

マッディシャローでの信頼度は圧倒的。今、カスミ水系で一日スピナーベイト投げろと言われたら、間違いなくクリスタルSを選びます。ちなみに、現行のアームが曲がっているものよりも、昔のアームが真っ直ぐのころのやつのほうが好きなので、現行物を使うときは、あえてアームを伸ばして使っています

アンダースピン（ヴァイングローブラザース）

芦ノ湖を中心に猛威を振るった名作。通常のスピナーベイトと違い、ブレードが下側にくるのが特徴です。正直、このルアーでそれなりには釣りましたが、特別スペシャルな思いをしたことはありません。でも、こういう個性的なルアーは夢があるので大好きです。芦ノ湖釣行の際は必ず持って行きます

Dゾーンフライ（エバーグリーン）

H-1 GPXなどのトーナメントでも使用者多数。圧倒的な実績を誇るコンパクト・スピナーベイトのマスターピース。連載の前任担当者Ｓ氏曰く「ハードベイトひとつだけ持って新利根川でバスを釣って来いと言われたら、間違いなくＤゾーンフライを選びますね！」というほど。MLクラスのスピニングかベイトフィネスが使いやすいです

デラスピン（ジャッカル）

独自デザインのインディアナブレードが生み出す強波動は、野池などの小規模フィールドだけでなく、霞ヶ浦などのマッディーレイクでも通用するほどのアピール力を備えています。ワイヤーの軸径も細すぎず、不意の大ものにも対応可能。スピニングタックルで使いやすいのは1/8oz、それ以上のウエイトはベイトタックルのほうが使いやすいです

キュアポップスピン（ティムコ）

かわいらしい名前とルックスからは想像できないほど破壊的な釣果をもたらしてくれる、激釣れコンパクト・スピナーベイト。スピナベサイトでも活躍してくれるということで、ここのところ注目度の高いルアーです。ウエイトは3.5ｇと７ｇの２種類あり。3.5ｇはＬクラスのスピニングタックルでも使いやすいです。引き感もしっかりしてます

プロズミニスピン（プロズファクトリー）

細軸ワイヤーとシングル・インディアナブレードが小気味よい巻き心地を実現。フォール時もしっかりとブレードが回転し、巻きだけでなく、縦方向の釣りにも対応。リーズナブルな価格設定で、カバー周りなども強気に攻めることができます。ヘッド3.5ｇと軽量で、Ｌクラスのスピニングでも使用可能。初心者の方にもオススメの品です

ワンナップスピン（SAWAMURA）

個人的に最も信頼しているコンパクトスピナーベイトのひとつ。サイズの割によく飛んでくれて、浮き上がりにくいので、初心者の人でも使いやすいと思います。常時在庫のあるショップが少ないのが難点だけど、沢村幸弘プロのショップ・キャリルさんのWEB SHOPで購入可能。スピニングタックルだと、3/16 ozのモデルが使いやすいです

情け容赦なく釣りたい時に投げる!

国産コンパクト スピナーベイトの元祖

ベビースピン（スミス）

個人的に、最も思い出深いコンパクト・スピナーベイトがスミスのベビースピン。とても使いやすくて、よく釣れたので、いつでもどこでもサーチベイトはコレという時代がありました。100 個以上あったストックも、今や数個を残すのみ。復刻される可能性は低いと思いますが……、自分にとってはこのルアーにしかない素晴らしさを感じているので、大事に使いたいと思います

Tボーンスピナーベイト（ケイテック）

機能面、性能面は言うまでもなし。引き感、レンジコントロールのしやすさ、カバー撃ちの際のストレスのなさ、どれも一級。コストパフォーマンスの高さも特筆すべき点。釣行前日に釣具屋さんで見かけて即バイト。初使用で、すぐにファーストフィッシュを連れてきてくれた、素晴らしいルアーです

マイクロスピン（がまかつ）

この見た目で、フックはもちろん信頼のがまかつ製。それでいてアンダー1000円の定価設定は、かなりのお買い得感。タンデムウイローとダブルウイローの２タイプありますが、いずれもブレードの立ち上がりは早く、引き感は軽め。1/4 oz のウエイト設定で、MLクラス以上のスピニングか、ベイトタックルでの使用がオススメですね

KJジグスピナー（カハラジャパン／ワイヤー・ブレード部のみ）

厳密に言えばスピナーベイトではないかもしれないけど、個人的にプッシュしたいのがジグスピナー。スピニングタックルでも使いやすい小型サイズで、使う場所や気分によってワームの色もチェンジできる。そして、値段も安い！　ということで、自分も初心者のころによく使っていました。構造的に普通のスピナーベイトよりも根掛かりは多いけど、コストは半分以下なので強気に攻めることができるし、巻きでもフォールでもよく釣れる。初心者の方にもオススメです！

ビバーチェ（スミス）

かわいい見た目に騙されがちですが、コンパクトスピナーベイトならではの持ち味を生かし、機能性を追求した本格派。重心の集中するヘッド形状で泳ぎの安定感もよく、キャスタビリティーも高いです。ベイトタックルでストレスなく使用できる７ｇと９ｇのウエイト設定で、スピニングだとML以上のサオがマッチ。コスパの高さも魅力です

4th LOVE!

基礎基本を教えてくれたクランクベイト

バスフィッシングのアイコン的ルアーとも言えるクランクベイト。投げて巻くだけと一見簡単そうだけど、その奥深さはバスルアーの中でもトップクラス。奥深きクランクベイト沼に、貴方もハマってみませんか？

クランクはモノに絡めるのが基本

クランクベイトといえば、投げて巻くだけで、勝手に目標のレンジまで潜ってくれて、アクションしながら泳いで来てくれる。リップで障害物をかわして、バイトがあればふたつのトレブルフック（すなわち計6本のハリ）で掛けにいく……。まさに、合理主義なアメリカっぽい発想で作られた釣具だと言えます。

そのように、オートマチックな感覚で使えるクランクベイトは、ともすれば、簡単なルアーと誤解されがち。でも実際には、技術レベルで釣果が大きく変わってくるのが真実。

そのなかでも、根掛からないようにねらったところに投げられる・根掛かりをかわしながらねらったところを通せるというのは、基本にして奥義。かといって、初心者の人や経験の浅い人にとっては、それってなかなか簡単な話ではありませんよね。

そこで、初心者の方や、これからクランクベイトを極めたい！という人にアドバイス。極論、銘柄は何でもいいので、安いクランクベイトと太いライン、そして、根掛かり回収器を常備して、ロストを恐れず攻めまくってください！

安物バンザイ！とは言いません。私もいいと思うルアーであれば、新旧、値段の安い高い関係なく普通に使いますから。でも、いくら釣れると評判のルアーでも、ロストを恐れて強気に使えないのであれば、そのポテンシャルをフルに発揮することは難しい。

逆に、自分の技術に自信を持てれば、

誰もが一度は投げる、国産クランクの王道

どんな高額なルアーでも、障害物の中にブチ込んで行けるようになる……はず。正直、クランクベイトの釣りの上達に関して、コツはあると思いますが、近道はないと思います。

自分自身、根掛かり上等で安価なクランクベイトを投げまくり、ときにはロストもして、腕を磨いてきました（もちろん、回収できる物は全力で回収しましたが……）。

というわけで、これまで自分がステップアップするために使ってきた＆現在もバリバリに使っている＆勢い余って監修しちゃった、コスパの高いクランクベイトを、チョコっとご紹介します。

ピーナッツII（ダイワ）

もともとは米・ストライクキング社製のルアーだったピーナッツ（SRの原型）＆ダンスキング（DRの原型）の金型をダイワが買い上げ、製造し、ピーナッツの名称で販売し始めたのが、今から40年以上も前の話。1989年にリニューアルされたものが、現在我々にとって馴染みの深いピーナッツII。安くてよく釣れるというのはもちろん、全国どこでも入手しやすいというのも、とても重要なポイント。どんなフィールドでも臆せず投げられる小ぶりなサイズ感でありながら、よく飛んで、しっかり泳ぎ、きっちり結果を出してくれる永遠の定番ルアーです

BANDIT 100（BANDIT LURES）

貧乏オカッパラーで、ルアーをロストしないことを最優先していた若かりしころの自分にとって、ショートリップのクランクというのは、正直、投げるのが不安だらけの代物でした。でもあるとき、「バンディット100というのが、すこぶるいいらしい」という話を聞いて使ってみたら、今までの不安は杞憂にすぎなかったということに気づかされたんですね。リップの形状、振り幅、潜行角度、きちんとバランスが取れているものなら、障害物なんて怖くない。でも、もしもこいつが値段の高いルアーだったら、ビビッてカバーに投げ込むこともできず、そのことには気づけなかったかもしれません

MODEL A (BOMBER)

我々バスブーム世代の釣り人にとって、アメリカンクランクといえば、なんだかんだ言ってモデルAなわけですよ。何せ、当時、ヒロ内藤さんと村田基さんが推してたわけですから、その影響力はデカいですよね。もちろん自分も使ってましたが、ノーマンと比べるとアクションも大味で引き抵抗も重かったので、正直言うとノーマンのほうが好きでした(笑)。ただ、リップやボディーの頑丈さはこちらのほうが圧倒的に上で、直進性も高い。消波ブロックやゴロタにガンガンぶち当てていくような場面や、コンクリート護岸沿いをビタビタに引いてきたいようなときは、今でも頼りになるルアーですね

私はコレでクランクベイトを覚えました

DEEP BABY N (NORMAN)

DBNは、自分のクランクベイトの釣りの礎を築いてくれた最重要ルアー。これまでのバス釣り人生で、何百個買ったかわかりません(笑)。クランクの釣りをマスターしたくて、いつでもどこでもDBNしか投げてなかった時代もあります。同サイズで見た目も似てるミドルNというのもありますが、ミドルNのほうが若干ファットで浮力も高く、アクションも強め。ちょっと細身なDBNは、ピッチの速い泳ぎが持ち味。高活性ねらいはミドルN、ちょっと落としたいときはDBNという感じで使い分けたりもしてましたが、圧倒的にDBNのほうが好みでしたね。プラドコグループに入っちゃいましたけど、これからも生き残ってほしいルアー＆ブランドです

FAT RAP (RAPALA)

DBNやミドルNでクランクベイトで釣る楽しみを覚え、さらにクランクベイト道を極めたい！」と思ってたころに出会ったのが、このファットラップでした。バスブームのころって海外メーカーのルアー価格が下落していたので、1000円以下で買える店も多かったし、バルサやウッドのクランクの中でも比較的入手しやすくて、当たりハズレがないのも魅力でした。バルサ素材でノンラトル、タイトでハイピッチなアクションで、きっちりアジャストしていけば、低水温期やハイプレッシャーな釣り場でもクランクベイトで釣れるんだということを学びました

KVD 1.5 (Strike king)

RC1.5（現LC1.5）から火が点いたスクエアビルクランク人気の中で、多分最も売れたルアーが、このKVD1.5だと思います。アメリカ人と話していて、1.5（アメリカ人はワンポイントファイブと呼ぶ）と言えば、大体KVDのことを指します。バスマスタークラシックのウィニングルアーというのも後押しになったとは思いますが、ブレイクの理由は、やはり値段。薄利多売という商売的な目論見もありつつ、根掛かり上等でガンガン攻めたいという釣り人心理を突いた、天晴れな販売戦略。KVD 1.5人気に対抗すべく、本家のLC 1.5も米国内の売価を大幅に引き下げるという事態まで起きたほどです

3DSクランクSR50F（ヨーヅリ）

潜行レンジ１ｍのシャローランナー。独自の内部構造を持つ3DSシリーズは、一般的なインジェクションのルアーに比べて、どうしても浮力が落ちてしまうんです。それを補って力強い泳ぎを出しつつ、しっかりと障害物をかわしてこれるように、ラウンドでもないスクエアでもない独特のデザインのリップ形状になりました。FLWの実力者であるClark Wendlandtが2015年のFLW TOURで優勝したとき、「このルアーでティンバーを撃ちまくって、たくさんのキーパーを釣ったよ！」と言ってくださったのも、いい思い出です

3DSクランクMR50F（ヨーヅリ）

これは、よく飛ぶDBNというイメージで作ったルアーです。ギリギリまで攻めた極薄リップによる素早い立ち上がりとハイピッチなウォブル＆ロールアクションが持ち味。また、空力特性を考慮したボディーデザインのおかげで、１クラス上の遠投性能を実現。アメリカ釣行した際、同船したプロが、自分が投げるフルサイズのクランクベイトよりも遠くに飛んだのを見て、「OMG！」と叫んだほど（笑）。潜行深度1.5m（MAX1.8m程度）のMRモデルだけど、比較的なだらかな潜行角度なので、個人的には、シャロークランク的な感覚で使うことが多いですね

3DSクランクSSR（ヨーヅリ）

フットルース、ベビーワンマイナス、バジンクランクと、名作揃いのスーパーシャローランナーの中でも、それらに負けない釣果と個性を目指してテストを重ねた力作です。表層使いではウエイクベイトとして、潜らせれば、水深30cm以内をカバー。リトリーブ時に見せる突発的なエスケープアクションでリアクションバイトを誘います。もともとバス用のルアーですが、なぜかクロダイなどのソルトゲームで大ブレイク。「バス用としては三流だけど、ソルト用としては一流」みたいなレビューもありますが、「バス用としても超一流だよ馬鹿野郎」と言わせてください（笑）

クレイジークランクベイト（アルファタックル）

どんなタイプの釣り場でも使いやすい、タイト＆ハイピッチなウォブンロールが特徴。障害物回避性能を追求したアクションバランスに、根掛かってもフックを伸ばして回収できるよう、あえて８番フックを採用するなど、クランクベイトの釣りにつきものである根掛かりへの不安要素を徹底排除。そのうえ、メーカー希望小売価格は驚きの550円！初心者はもちろん、ロストを恐れず強気にカバーにぶち込んで行きたい！　という人にもオススメ。ピーナッツよりもちょっと小ぶりで、ベイトタックルでもスピニングタックルでも使用可能。SRとMRの２タイプあり

5th LOVE!

ジャークベイトで釣るためのヒント

ジャークベイトで釣るためのキモって一体……？ 一般論とは多少ずれるかもしれませんが、これは全て、実体験から導き出された答え。ジャークベイトに苦手意識のある皆さんの参考になれば幸いです。

ベイトフィッシュの居る場所で使うのが大基本

冬バス釣りの定番ルアーといえば、メタルバイブ、シャッド。そして忘れちゃいけないのが、今回のテーマでもあるジャークベイト。

しかし、日本のバスフィッシングシーンにおいて、冬にメタルバイブやシャッドを使う人は多いと思いますが、ジャークベイトを積極的に使っている人は少ないような気がします。

たしかに、水温が下がるとともに魚たちも深場に移動して……、という図式をイメージすると、射程レンジの浅い（ものが多い）ジャークベイトというのは、セレクトしづらくなってくるのはわかります。

でも、使いどころによっては、かなりの武器になるので、必ずタックルボックスには忍ばせておいていただきたい！

そんな冬ジャークベイトの使いどころですが、カギを握るのは、やはりベイトフィッシュの存在。ジャークベイトでカバーできるレンジにベイトフィッシュがいるということが必須です。

これって、ごくごく当たり前のことなんですが、冬となると、ルアーを小さくして確実に食わせたいというねらいなのか、単なるイメージによるものなのか、同じシチュエーションでも、シャッドやミドストなどは使っても、ジャークベイトを投入する人は少ないような気がします。

もちろん、シャッドやミドストが駄目なわけではありません。

でも、ベイトフィッシュがウジャウジャいるような状況であれば、バスも

ジャークでも巻きでもギラギラにアピール

ハードコアミノー・フラット（デュエル）

アメリカのトップカテゴリーでもウィニングルアーに輝いた、我が最愛のフラット。持ち前のフラットサイドボディーが生み出す強烈なフラッシングと色調変化を武器に、ただ巻きではハイピッチなロールアクション、ジャーク時は、移動距離が短くキレのあるダートで、リアクションバイトを誘発します。キレのあるダートをさせるには、ロッドティップをあまり移動させず、ラインをはじくような感覚で、キビキビとトゥイッチを入れるのがキモです

X-RAP（ラパラ）

大好きなラリー・ニクソンが監修したということで、発売時から盲目的に愛してたんですが、それを抜きにしても、超イケてるルアーです。その持ち味は、なんと言っても、ジャークの容易さ。ダートの鋭さもキレッキレで、ヤル気のない魚にもガンガンスイッチを入れてくれます。「ジャークベイトを鋭くダートさせられなくて……」という人は、このルアーで練習するのもオススメです！

活気付いているはず。まずはジャークベイトの強い釣りでテンポよく釣っていって、その後、食わせの釣りに移行したっていいわけです。

逆に、ベイトフィッシュは多くてバスもいる、だけど食わない…という場面でも、これまたジャークベイトのようなリアクション要素の強い釣りが生きてくる場面も出てきます。

ただし、いずれにせよ、バスのいるであろうレンジとルアーのレンジが大きくズレないということが重要です。ベイトフィッシュやバスのいるレンジが深いのに、表層に近いレンジをねらっていても無駄が多い。もちろん、逆もしかり。というのも、水温というのは水深によって変わります。魚たちにとっても厳しい時期である冬、我々人間が温かい部屋から出たくないのと一緒で、魚たちもできるだけ居心地のいい水温の場所や泳層から動きたがりません。

ラトリンログASDRB1200（スミスウィック）

長きに渡って愛され続ける、ジャークベイトの名作。モデルによってキャラクターも変わるし、人によって好みも分かれますが、個人的にはサスペンドモデルのASDRB1200が好きです。今時のルアーに比べれば、飛距離も出ないし、扱いやすくもないかもしれませんが、移動距離を押さえたキレのある動きは、唯一無二と言ってもいいほど。ワンテンなどとは対極で、足の短いスライド幅で、ピンスポットねらいや、低活性でルアーを追いきらない魚を釣るのが得意なルアーという認識です

ルドラ130SP（O.S.P）

ルドラは巻きのミノーとして使う人も多いと思うんですが、ジャークベイトとしても秀逸。ボディーの大きさゆえにキレッキレのアクションは出しづらいんですが、ビッグベイト的なパワーでヤル気のある魚を釣っていきたい、というような場面で活躍してくれます。ワンテンを使うようなシチュエーション、ログを使うようなシチュエーション、いずれも使えてしまう懐の広さがありますね

しかも魚は変温動物。ただでさえ適水温の時期よりも動きが鈍るのに、わざわざ泳層を上下して冷たい水に突っ込んでまでルアーを食うということはかなり少なくなってくるからです。

そんな冬に使用するジャークベイトに関してですが、ヤル気のない魚にもリアクションで口を使わせ、ショートバイトを確実に取るため、できるだけ移動距離が少なく鋭いアクションのものがいいと感じています。

とは言え、モデルによってアクションも使用できるレンジも異なるので、冬のジャークベイトはこれだけあればOK！　などということはありません。自分の場合も、自らプロデュースしたフラットシリーズを基軸に、何種類かのジャークベイトを使い分けています。

また、バスが特定のベイトフィッシュに執着している場合、ルアーサイズに関してもセレクティブになってくることが多く、ルアーサイズをベイトフ

フラット130のスイムテスト中に食った遠賀川水系50cmアップ！アングラーが入れ替わり立ち替わり攻める人気スポットを、ジャークベイトのリアクションで攻略。これぞまさに、ジャークベイトだからこそ取れた一尾

ヴィジョンワンテン（メガバス）

アメリカのメジャートーナメントでも抜群の使用率。ジャークベイトと言えばワンテン、という人も多いと思います。実際によく釣れるし、いいルアーですよね。自分的には、止めたときの震えとか、水押しがどうのとか言うよりも、キレのあるダートと絶妙な潜行レンジこそワンテンの持ち味だと思っています。同サイズのジャークベイトのなかでは、ダートさせたときのスライド幅も大きく、広くアピールしていくイメージで使うルアーだと思います

ィッシュに合わせることも大事です。

アクションに関しては、「2ジャーク1ポーズ」的な決めごとはせず、極めてテキトーにジャーク&ストップを繰り返しています。それでも、釣果的なデメリットを感じたことはありません。

ただし、ジャークは弱めを意識。というよりも、トゥイッチと言ったほうがいいくらい軽めのロッドワークが基本です（あくまで冬の話です）。ただし、サオ先の移動距離は少ないまでも、ロッドワークはキビキビと、キレのあるアクションをさせるよう心掛けています。

それ以外はとくに難しいことはしていませんが、あくまでもイメージ的な話として、「バスの身体にルアーをぶち当てる」という感覚

霞ヶ浦のオールドロコから支持を得る冬の定番

DDパニッシュ（スミス）

80㎜モデルは、冬の霞ヶ浦オカッパリの定番として、流行に流されない一部のコアアングラーから絶大なる支持を得る存在。動きは弱めでヌルっとした感じ。ボトムズル引きor中層スローリトリーブで、時おり軽くトゥイッチを入れる感じがデフォルト。ワームを使うようなイメージで使います。65㎜モデルは、知る人ぞ知るスモールマウス乱獲ルアー。こちらは、メリハリを効かせたトゥイッチングで遠くの魚にもアピールするように使うのが◎。元々トラウト用のルアーなだけあり、両サイズとも、流れのある河川でも良い仕事をしてくれますよ

ビーフリーズ65（ラッキークラフト）

小型ベイトが多い、だけれどルアーには口を使わない……。そんな状況を打破してくれるのがこれ。とくに、ショートリップの小型ミノー＆ジャークベイトではねらいづらい２ｍ前後のレンジにジャストフィット。急潜行で障害物回避能力も高いので、ボトムノックやストラクチャー周りでの使用にも向いています。ハイピッチなローリングアクションと切れのいいダート、フラットサイドボディーによる明滅効果を武器に、リアクションバイトを獲って行くイメージでトゥィッチ＆ジャーク。晩秋の霞ヶ浦の消波ブロック周りで巻いて使うのもオススメです！

でルアーを操作するようにしています。

これはジャークベイトに限った話ではなく、冬に活性が低くて追っかけてまでルアーを食わないバスを釣るための基本事項だと思っています。このイメージを持って釣りをするようになってから、冬の釣果が飛躍的にのびました。というか、実はこれこそが冬バス釣りの最大のキモかもしれません……。

そして、もうひとつのブレイクスルーが巻きの釣り。その昔、春の高滝湖で川村光大郎名人がルドラで爆釣したあれです。自分の場合、ソルトやトラウトの釣りも嗜んでいたので、ミノーを巻きで使うというのは至って自然な事でした……が、バスフィッシングにおいてはなんか邪道な気がしてました。

でもそれを見て、バスフィッシングでミノーを巻いてもいいんだ！　と凝り固まった思考を改めることができたんです。ジャークベイトに絶対はないのです。

ワンテンR+3（メガバス）

ジャークベイトの名手・佐藤信治プロ監修のMAX４ｍダイバー。タックルバランスや飛距離、そして技術にもよると思いますが、ライブスコープでチェックした感じだと、実際の潜行レンジは3.5m～４ｍくらいの間。ディープダイビングタイプにしては潜行角度も比較的緩やかで、ルアー頭部の上下動も少ないので、深いレンジでも切れのいいダートが出せるんですね。山間部のリザーバーなどのようにねらうべきスポットが狭い釣り場よりは、広いエリアをカバーしていくのに向いていると思います。低水温期の琵琶湖の定番ですが、河口湖や芦ノ湖などの山上湖でも活躍間違いなし。ベイトフィッシュのレンジが３～４ｍのときは、迷わずチョイスです！

レイダウンミノーMID（ノリーズ）

琵琶湖のウキウキパターンなどでは定番中の定番であるレイダウンミノー MID。力強いウォブル＆ロールアクションとシャープで切れのあるダートで、広範囲のバスにしっかりとアピールするパワーを持っています。琵琶湖などのウイードレイクはもちろん、霞ヶ浦などのマディレイクやリザーバーで、アシやブッシュなどの際を攻めるのも得意。高浮力バージョンのHFは、ウイードの面やブッシュ際をストップ＆ゴーでねらうだけでなく、軽いトゥイッチでトップウォータールアーとして使うのも効果絶大。水深１ｍ以下の浅瀬でも使い易いので、オカッパリで活用できる場面も多いです

T.D.ミノー（ダイワ）

国産ロングビルミノーの元祖にして、いまだに一線級の性能を持つルアーです。リップは長くて大きいんですが、見た目に反して２～2.5mくらいがパワーゾーン。それ以上潜らせたい場合はドラッギングするのも手です。自分が感じるこのルアーの持ち味は、ステイさせたときのバイト誘発能力。見た目のリアルさとかステイの姿勢とかというよりも、水流を上手く逃がすボディー形状でルアーを制止させたときに不自然な動きが出にくいのがいいんだと思います。ポンプリトリーブで使うイメージが強いですが、巻き＆ステイでもOK。冬～春のルアーのイメージですが、実は、オールシーズン、フィールドを問わず実績の高いルアーです

K-1ミノー（HMKL）

フィールド、時期を問わず、バスが小型のベイトフィッシュを偏食しているときに頼りになる切り札的存在。自分の場合、小型のミノーが生きる場面では、基本的にフラットの70でどうにかなってしまうことがほとんどですが、最後の最後に口を使ってくれないような時はこいつの出番です。ベイトフィッシュのサイズに合わせて50㎜と65㎜を使い分け、色もベイトフィッシュにしっかり合わせます。スピニングタックル＆細糸を使い、ルアーを激しく動かさない、ラインスラックを作ってしっかり止める、ということを意識して、ナチュラルな誘いに徹します。これでダメなときはワームを使うしかないですね(笑)

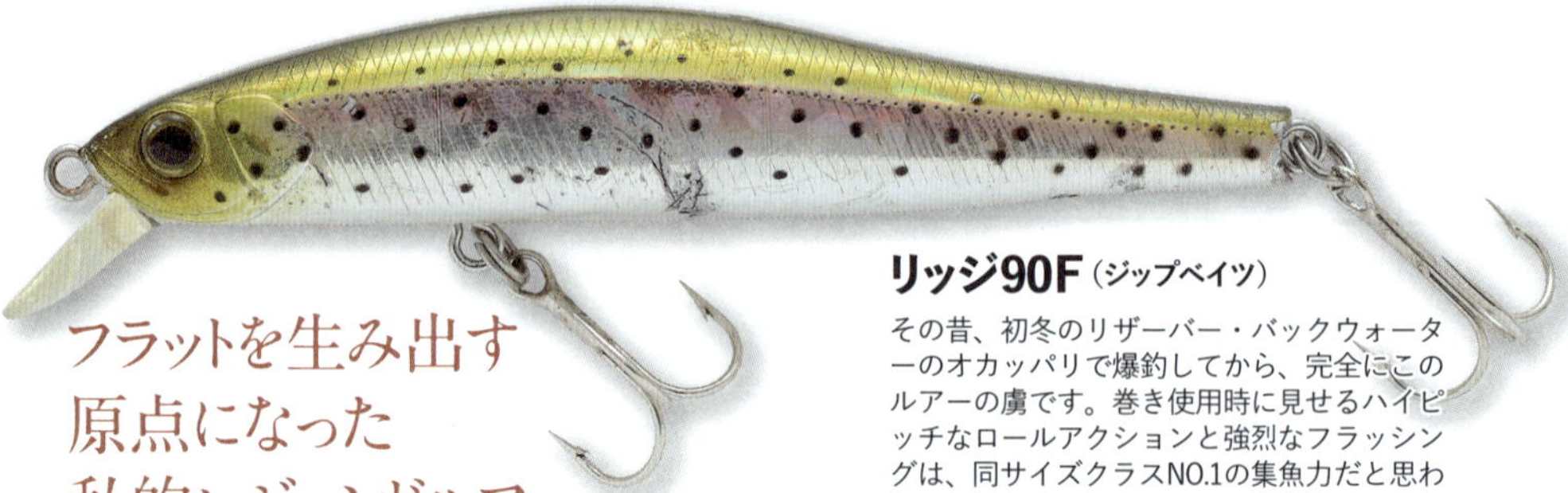

フラットを生み出す原点になった私的レジェンドルアー

リッジ90F（ジップベイツ）

その昔、初冬のリザーバー・バックウォーターのオカッパリで爆釣してから、完全にこのルアーの虜です。巻き使用時に見せるハイピッチなロールアクションと強烈なフラッシングは、同サイズクラスNO.1の集魚力だと思われます。重心移動構造でありながらリトリーブ時は無音という独自構造のマグドライブは、ルアー界のノーベル賞と言ってもいいでしょう！　公言し続けてますが、このルアーがあったから、フラットが生まれたんです。激リスペクトです！小型サイズの70F、56Fも超々イケてます！

ターゲットミノー86SP（ダイリツ）

かの沢村幸弘プロが雑誌で薦めておられるのを見て使い始めたのが最初。ワゴンセールの常連だったルアーを沢村プロが使ってるというのが、若かりし頃の自分には刺さりまくりましたね。正直、今時のルアーと比べると、キャスタビリティーもアクションもイマイチ足りない感じですが、ダートしながらウォブルが入る独特の大味なアクションがよかったのか、本当によく釣れました。真冬の河口湖オカッパリで余裕の二桁釣果とか当時でもまあまあミラクルな釣果でしたが、今使うと、どうなんでしょうね

フラッシュミノー（ラッキークラフト）

1995年のジャパンスーパーバスクラシックを優勝した大塚茂プロのウィニングルアー。時はバスブーム真っ只中。芋の子を洗うようなトーナメントの場で釣り勝てるハードベイトとして、一躍注目を浴びました。重心移動システムによる高いキャスタビリティーと、スレっからしのバスにも口を使わせるキレのあるアクションが持ち味。最近は使う人が減っちゃいましたが、細身ミノーの中では今でもトップクラスの実力だと思います。晩秋～春先のワカサギが接岸するような状況では、いまだに無敵感ありますね！

ライゾーミノー（カルティバ）

見た目もモッサイ、動きもモッサイ、だけど意味不明によく釣れる。そんなルアーってありませんか？こやつもそんなルアーです。ワゴンセールで一番安かったから買ったのが最初でしたが、殿堂入りさせたくなるほど沢山のバスを釣らせてくれました。なかでも、真冬の霞ヶ浦でバス釣りを初めてやる女子に投げてもらって、40アップが２尾も釣れたのはビックリでしたね。ただ、雪降るなか極寒の夜釣りだったので、その女子とは、それっきり。狂人扱いされて着信拒否ですよ。香ばしい思い出です

ワタクシはこのルアーで女子にフラれました……

ハードコア
ミノー・フラット70SP（デュエル）

ここ最近、プチブームな感じのある小型のミノーですが、これはそのなかでもMAX級のアピールを持ってるルアーだと思います。２ランク上のフラッシングで魚を寄せて、スモールシルエットで口を使わせるイメージ。高滝湖とか、真冬のワカサギレイクで使ってみて欲しいです。ちなみに、言われたらわかるかな？くらいの差ですが、マイナーチェンジ前後でアクションが微妙に変わります。見分け方は、リップ裏側に補強があるのがマイチェン後、ないのがマイチェン前。個人的にはマイチェン前のほうが好きです

タダマキ132（ノリーズ）

キャスティングで2.5m以上潜るというのは、それだけで尊い！　ロングビルタイプだと、どうしても水中で頭下がりになっちゃいますが、タダマキは水平に近い水中姿勢をキープできるのがいいんです。初期モデルもいいルアーでしたが、バージョンアップされた132JPは、重くなって、さらに潜る&飛ぶ仕様になってるので、バスのレンジが下がる冬でも使いやすいですね。個人的見解ですが、名前の通りただ巻きメインで、時折ジャークを混ぜるくらいの使い方が、このルアー本来の持ち味を生かせると思います

3Đ100 SP（ヨーヅリ）

懐かしの名作・3Đ-150のシャローバージョン。一応、シャッドという名目で販売されていましたが、ジャークベイト的な使い方でこそ輝くルアーなので、あえて紹介させていただきます。これはかつて霞ヶ浦の畔に住んでいた時代の、晩秋～春先の必殺ルアー。真冬の消波ブロックエリアや石積み周りなんかで、めちゃめちゃ釣らせてもらいました。もちろん、今でも釣れるのは実証済み。正直、ときめくような動きではないんですが(笑)、独特の内部構造ゆえの高比重化と重心分散が生み出すヌメリ感が効いてる気がしますね

スカッドミノー
（ジャッカル）

自分は、新しい物にすぐ飛びつくようなミーハーではありません。でも、たま～に、発売されてすぐに飛びつきたくなるようなルアーがあるんです。まさに、これがそうでした。キレのいいアクションに、ピタッと止まる制動力。固定重心でありながら、メチャクチャ飛ぶ。愛知の矢作川だったと思うんですが、何をやっても釣れない激スレの釣り場で、これだけ爆釣したこともありました。何故このような素晴らしいルアーが廃盤になるのか？　これは日本のバス業界の闇です

6th LOVE!

ワイヤータイプだけじゃない！こんなルアーでもバズらせろ！

テクニック的にもシンプルで超エキサイティングなバズベイトの釣り、好きな人も多いんじゃないでしょうか？ 水面をガラガラ～からのBAHO！ で、アドレナリンは全開。いや～、バズベイト最高！

私をバスフィッシング沼に引きずり込んだルアー

バスアングラーなら誰にも、バスフィッシングにのめり込むキッカケになった思い出の釣行やルアーがあったりすると思います。

自分の場合、上京して初めて行った霞ヶ浦でバズベイトで連発したことが、バスフィッシング沼にドップリはまるキッカケでした。

ワームやプラグのようなエサっぽい雰囲気もなく無機質なルックスのバズベイトは、バスフィッシング経験値の低い人にとって、最も不可解なルアーのひとつ。自分も、初めて見たときは「本当にこんなルアーで釣れるの？」と思っていました。しかし、あのエキサイティングなバイトを体感して以来、自分の釣りの中軸を固めるルアーのひとつとなりました。

「ＢＵＺＺ」とは、英語で「うるさい」的な意味の言葉。最近では、ネットなどで一気に注目を集めることを「バズる」なんて言ったりもしますが、まさに、ガシャガシャ・バシャバシャとうるさい音を立てながら水面を泳ぎバスからの注目を集めるバズベイト。

一般的にバズベイトというと、ワイヤーにプロペラ、鉛（もしくはタングステンなど）のヘッドにスカートの付いたモノというイメージですが、自分の場合、ワームを使ったグラビンバズやバジングフロッグ、プロペラの付いたウェイクベイトやフローティングルアーなんかも、広い意味でバズベイト

バズベイトを信じられない貴方は、ここから初めよう!

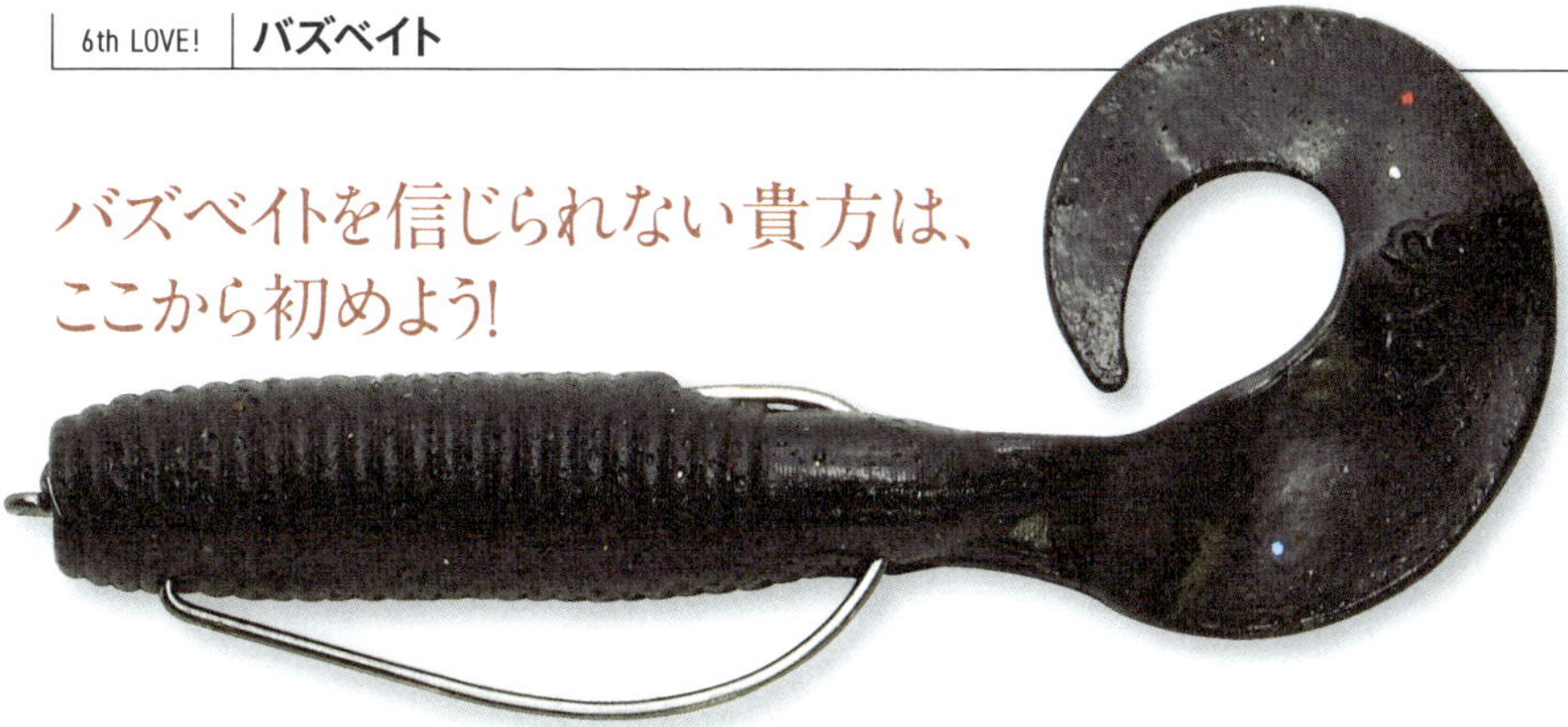

4inグラブ（ゲーリーインターナショナル）

バスフィッシング歴の長い人には御馴染みのピロピロピ〜＝グラビンバズ＝グラブの表層引き。感覚的にはソフトで小さいバズベイト。最近は使う人が少なくなっちゃいましたけど、今でもフィールド、サイズを問わずよく釣れるテクニックです。ちなみに、スピードスティック（スピニング）にナイロン４Lbでグラビンバズというのが、自分のバスフィッシング人生のなかで最も多くのバスを釣り上げたタックル。使うタックルは変わっちゃいましたけど、今でも超一軍で活躍中。私のグラビンバズ愛は永久に不滅です！

バズベイト（スタンレー）

自分がバズベイトの釣りに目覚めるキッカケになったのが、このスタンレーのバズベイト。上京して初めて霞ヶ浦に釣りに行くことになった前日、池袋西口の上州屋キャンベルの店員さんに薦められて買ったんですが、最初はこんなルアーで釣れるなんてまったく思ってもいませんでした。でも、翌日、霞ヶ浦で40cmアップが連発。それまでのバスフィッシング観がガラッと変わってしまうほどの衝撃でしたね。それからは馬鹿のひとつ覚えみたいにバズベイト投げまくっていました

ハードコア NOI-Z（デュエル）

ひとつのルアーで、バズベイトのようにスピーディーにサーチできて、水面に浮かしてスローに誘うこともできる、という使い方を両立させるべく作り上げたのが、このNOI-Z。バズベイトのようなスピードで引くためには、ロッドを立て気味にして、ラインを水面に付けないようにするのがキモです。ノーマルはフックが３本付いているんですが、真ん中のフックを外してブレードに交換すると、よりやかましい、ハイアピール仕様として使うことができるので、ぜひ試してみて下さい！

だと考えています。使い方もシンプルで、効率的なゲーム展開ができるのも強み。ルアーの動きを目で追えるから、初心者でも意外に使いやすく、ガイドの場面なんかで活躍することも多いのがバズベイトなんです。

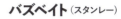

チョッポ（DEX）

ホッパープロッパーの後発になるチョッポ。ホッパープロッパーが軟質素材のペラを採用しているのに対し、チョッポのほうは硬質プラスティック製。ペラのレスポンスもサウンドも違うので、自分的には、似て非なるルアーという認識。比較すると、チョッポのほうがサウンドもはっきりしていて、アピーリーな印象ですね。カラーやサイズバリエーションも日本向きな設定で、値段が安いのも大きな魅力。パクリだ何だということは抜きにして、いいルアーだと思います

謎のタイ製ルアー（メーカー不明）

ダブルフック装着のフローティングルアーにバズベイトのペラが着いたインチキくさいルアー。タイの釣具屋さんに行くと、この手のルアーがよく売ってあるんです。見た目も粗雑だし、ナメてかかってしまうんですが、実際に使ってみると本当によく釣れるし、機能的にも理にかなってるんですよね。ただし、モノによっての当たりハズレが大きいのはお約束（笑）。あと、フックだけは日本のメーカーのものに交換が必須です。ちなみに、写真のルアーは、土浦のランカーズで入手可能です

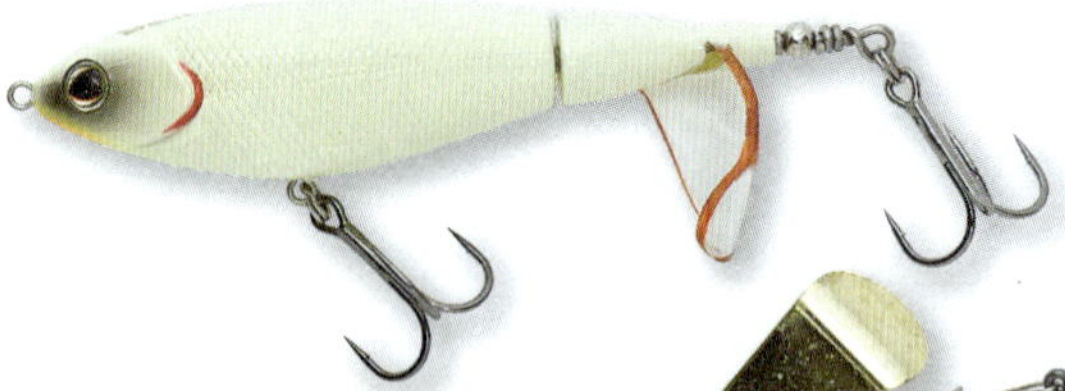

バズスピナー（バイオベックス）＋スタッガーワイドツイン（ハイドアップ）

このバズスピナーは、ワームフックやラバージグなどにワンタッチで装着できる、バズベイトペラ・ユニット。最初は素人くさい感じがしてナメてたんですが、以前、東南アジアに釣行した際にこのシステムの有効性に気付かされ、それ以来多用するようになりました。可動式のインラインバズみたいなイメージで、ヘビーカバーや浮き草周りなんかでも使いやすいのが持ち味。スタッガーワイドのような表面積の大きいワームや、フロッグなんかと組み合わせると、かなりゴキゲンな感じです！

プロバズ（エクスキャリバー）

自分史上、最もバスを釣ったバズベイトです。今や入手困難、名作として崇め奉られていますが、自分の場合、在庫処分で4〜500円で投げ売らでれていた時に70個くらい大人買いして、根掛り上等＆使い捨て感覚で使い続けていたので、正直そのありがた味は、あんまり感じていませんでした……。「銀ペラのほうがいい」的な意見もあったりしますが、自分の経験上、釣果にはそんなに差はないかな？　という感じ。手持ちも数個になってしまったので、今では資料としてタックルボックスで休んでもらってます

アベンジプロップ（ラグゼ）

個人的に、ホッパープロッパー 130㎜が好きでよく使うんですが、まあまあデカいんで、日本国内では使うフィールドを選ぶし、小さいサイズのモデルはちょっと微妙だな……と感じていました。こいつは、80㎜と小ぶり（？）な割に、開閉式のダブルプロップのおかげでキャスタビリティが非常に高いし、同等サイズのシングルプロップのものよりも水噛みがいい。さらに、オリジナルよりも幅広い速度域で使用できるようになっているのが素晴らしい！　さすが日本人の手によりチューンされただけありますね

うちの兄謹製の ハンドメイド・バズベイト

多分、20年くらい前にうちの兄が自作したオリジナルのバズベイトです。見た目は、かなりチープですが……(笑)、モノとしてはかなりイケてます。小型サイズのバズで、ここまでデカい音が鳴るのと、超高速引きでも泳ぎが破綻しないのは、ほかにはなかなか見たことがありません。しかも、めちゃ飛ぶんです。ヘッドの前にプロペラが付いた、似たようなデザインのモノも見かけますが、完全に似て非なるものですね。多分、市販化されることはないと思いますが、もし市販化されたらバス以外の怪魚ねらいの人に人気が出そうです（笑）

バズプラグ（フレッドアーボガスト）

このルアー、たしか2013年くらいに発売されたと思うんですが、まさか、世界のプラドコが21世紀のバスフィッシングシーンにこんなルアーを放ってくるなんて！　太身のボディー後方重心で恐ろしいくらいに飛ぶ。ダブルフック仕様で障害物回避能力も高い。パンチの効いたプロペラサウンドでアピールも絶大。釣れない理由はないんですが、実はこのルアーで釣ったのは数尾のみ……。バイトは無茶苦茶あるし、バス以外の魚は結構釣れるんですけどね……（笑）。まあ、何はともあれ夢のあるルアーです！

バズバグ（フレッドアーボガスト）

時代の仇花として散った隠れ名作。俗にバジングフロッグなどと呼ばれる、言うなれば、ソフトマテリアルのバズベイトですね。バジングフロッグと言えば、リビットやホーニートードなんかが有名ですが、このバズバグは、高浮力マテリアルで水面に浮かすことができるのが最大の持ち味。一般的なワーム素材のものだと、巻きを止めると沈んで行きますが、こいつはタダ巻き一辺倒ではなく、緩急を付けた攻めが可能。ハリ持ちがよく耐久性も高いので、カバー周りでの使用でストレスがないのもいいですね！

バクシンバズベイト（バクシンルアーズ）

ワイヤーとブレードと鉛とラバースカート、それにフックというシンプルな構造で、言ってしまえば無機質なルアーとも言えるワイヤーベイト。そんなワイヤーベイトに魂を込める藤本直明氏渾身のバクシンルアーズ。その丁寧な作りと釣獲能力の高さは、日本国内だけでなく本場アメリカのツアープロからも高く評価され、かのアーロン・マーティンスやリック・クランなども使用するほど。自分は3/8オンスのモデルとディアブロというTINYモデルを愛用しています

スイッチバズ（スミス）

キャスタビリティーよし！　直進性よし！　ゴミ絡みも少なくてサウンドも自分好み。というわけで、現在の自分の主力バズベイトです。FECOルアーしか使えないトーナメントなんかでは、このペラだけをほかのバズベイトに移植したりすることも有ります。ふたつのペラの当たり具合やエッジの角度で泳ぎが変わってくるので、自分の場合はつるしの状態で使うことはほぼありません。置いてないお店も多いですが、正直「わかってないな～」と思いますね(笑)

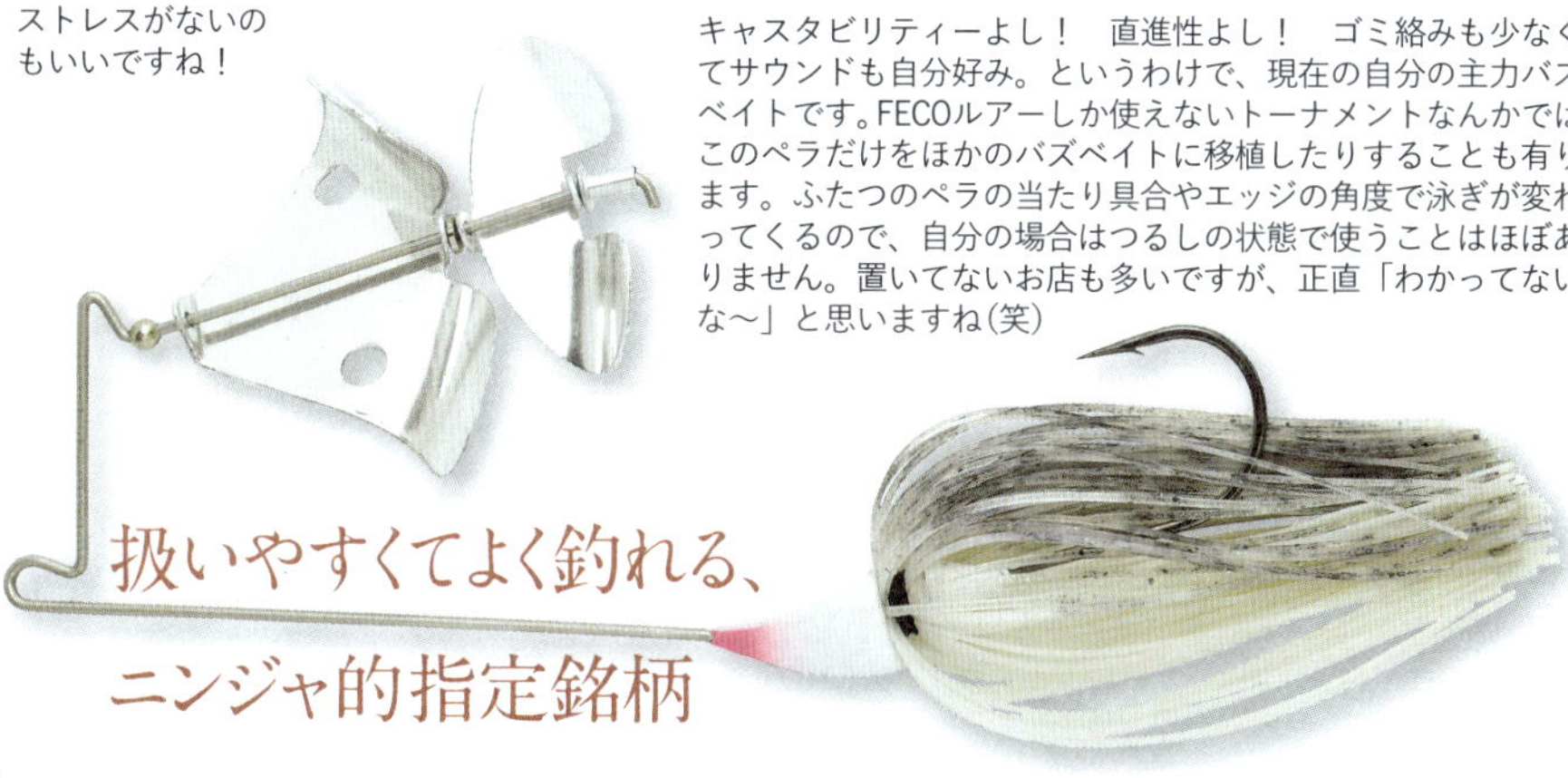

扱いやすくてよく釣れる、
ニンジャ的指定銘柄

7th LOVE!

リアクションで食わせる ダウンショット・ワーム

冬はバス釣りにおける最難関シーズン。メタルバイブなどと並んで絶対に外せない存在なのがダウンショットリグ。食わせにもリアクションにも対応できる懐の広さで、高難度な冬バスを攻略セヨ！

真冬のサイトフィッシングでわかったこと

冬に繰り出す一手と言えば、リアクションねらいのメタルバイブにシャッド、そして、なんといってもダウンショットリグ（以後、ダウンショット）！

ダウンショットと言うと、時期を問わず、タフコンディションの切り札としてお馴染みのリグ。その強みは色々ありますが、こと冬に関して言えば、シンカーをアンカーにして一点をじっくり攻めることができるということと、リアクションバイトを誘発する能力に長けているということが最大のメリットであると自分は感じています。

フィネスなイメージも強く、シンカーも軽量なものを使うことが多いダウンショットリグですが、この時期に関して言えば、重めのシンカーをチョイスするほうが釣果を出しやすいというのが、経験から出た答え。というのも、低水温期でも見えバスが確認できるような場所で観察しているとわかるんですが、活性が下がり切ったバスって、本当に1ヵ所から動こうとしません。しかも、ルアーを近づけても全く無反応。それどころか、エビなどの生エサを投入しても無視し続ける奴さえいるほどです。

そんな状況下でバイトを導き出すために必要なのが……そう、リアクションです。バスの活性が下がる低水温期に、メタルバイブやシャッドなど、動きの質が俊敏なルアーが生きるのは、皆さんご存知の通り。ダウンショット

EVERY TIME 困った時はこいつの出番!

2.5inレッグワーム（ゲーリーインターナショナル）

ダウンショットの具としてもっとも人気のあるワームと言っても過言ではないはず。もちろん、自分的にもダウンショットの大基本。タフな時でもこれさえあればどうにかなる！　という安心感と信頼度で、大会や取材などのここ一番で使うことも多いです。釣れるマテリアルである反面、壊れやすくもあるので、イージーに釣れちゃうときは逆に出番が減ります(笑)

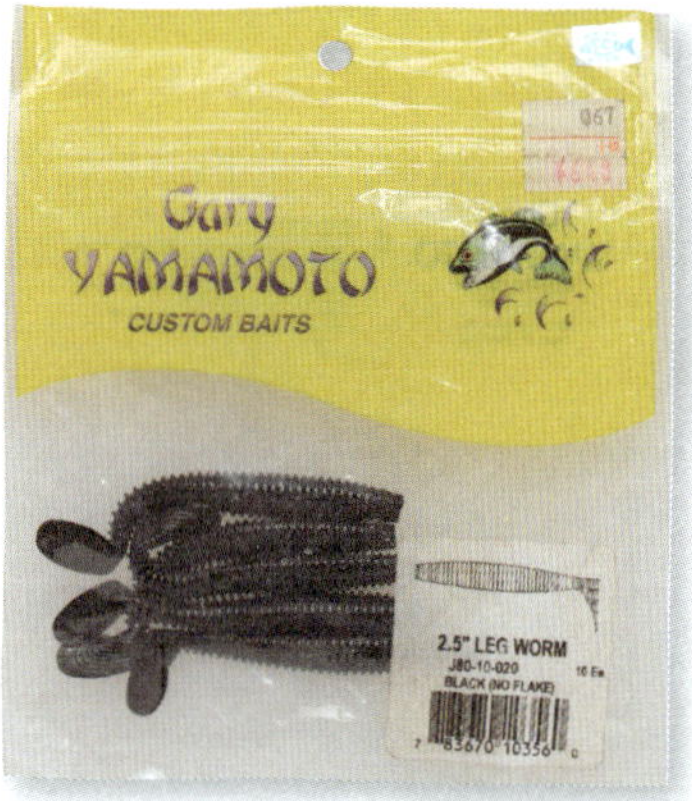

■使用タックル

[スピニング用]

ロッド	スペルバウンドSBS-511SL3（エンジン）
リール	コンプレックスCI4+2500HGS・F4（シマノ）
ライン	フロロカーボン4Lb

[ベイト用]

ロッド	ゴールデンウィングツアーエディションGWT610CLP+J（フェンウィック）
リール	ZPIチューン・レボLTZ AE74レーシング（アブ・ガルシア）
ライン	フロロカーボン10Lb

私のダウンショットの基本形のひとつ。黒のレッグワームにSSフック＃3、ウォーターグレムリン（重さは2g前後）。これがあれば冬もおそるるに足らず!?

というとナチュラル&スローな食わせの釣りというイメージを持つ人も多いかもしれませんが、この時期ばかりは、攻撃的な釣りという認識でアグレッシブに攻めるのが良策です。

ちなみに、自分がこういう考えに至ったきっかけは、約20年前のこと。長野県の白馬にスキーに行ったとき、通りがかりに立ち寄った木崎湖の湖畔でひとり黄昏れていると、偶然シャローに40㎝ほどの見えバスを発見したんです。

たまたま、ロックフィッシュ用のベイトタックルを1本積んでいたので、そのタックルでトライしてみることにしました。しかし、持っているシンカーは、最も軽いものでナス型オモリの4号（約15g）。シャローを攻めるにはちょっと重いかな〜？　と思いつつもデスアダー4inのダウンショットをリグり、あまり深く考えずに釣りを始めました。

……が、そこは、まだ雪深い長野の山上湖。見えバスは石にピッタリ寄り添って、微動だにしません。もちろん、ルアーを目の前に入れて誘い続けても完全に無視。そこであれこれ考えて、ダウンショットのリーダーを2㎝くらいまで短くし、フックはマス針に交換、ワームもカットしてテール部の2〜3㎝程を装着し、メタルバイブを使うように小刻みにシャクッてみたんです。

すると、今まで何をやっても無反応だったバスが、ルアーが鼻先ギリギリを通る瞬間、小さく口を開けたんです。これだ！　と思い、何度かトライしてみたところ、そのたびに反応はしてくれるものの、ハイシーズンに比べると吸い込む力が圧倒的に弱く、なかなかルアーを吸い込んでくれません。

そこで、リーダーの長さを5㎝くらいに少し伸ばして再度トライしてみると、これがあっけないまでに大当たりで、一撃で40㎝オーバーのバスを手にすることができたんです。しかも調子に乗って「もう1尾くらいいないかな？」と歩いていると、シャローの石陰に同じくらいのサイズのバスを発見。そして同じ釣り方で、またもやヒット。

真冬にこのような状況に巡り合うことはなかなかありませんが、見えない水中でも同様のことが起こっていると想定し、バスの鼻先で瞬発的にルアーを動かすということをイメージすることで、冬の釣果は飛躍的に伸びます。

これは、ダウンショットに限ったことではなく、冬の釣り全般に言えること。ですが、低水温期のバスはすべてボトムにいるかというと、それは否。現在、自分がホームにしている琵琶湖などでは、中層の攻略こそが真冬の釣りのキーになったりします。

また、ベイトフィッシュが多い場所や、温排水や湧き水の出ている場所など、冬でもアクティブなバスをねらえるシチュエーションでは、リアクションよりも食わせに寄せた釣りが功を奏する場合も少なくありません。これを言っては元も子もないんですが、かつては究極のリグと崇められたダウンショットですら、全知全能ではないというのが現実です。結局のところ、状況に合わせたルアーチョイスや攻め方が重要ということですね。

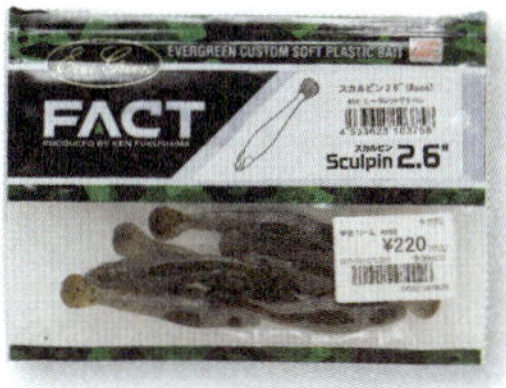

スカルピン（エバーグリーン）

国内トップレベルのトーナメンター・福島健プロ監修のゴリ系ワーム。ボトムでの使用に特化したデザインとアクション設定。硬めのボディーマテリアルとツルっとしたシェイプで水の抵抗を受け流すため、まるで本物のゴリのようなクイックな動きが演出可能です。ダウンショットで使うなら、ショートリーダーがオススメ。シェイクし続けるのではなく、適度にステイの間を作ってやるのがバイト量産のコツです

ハリーシュリンプ3in（ボトムアップ）

レッグワームやスワンプミニと並び、自分的にタフタイムに外せないダウンショット三種の神器のひとつ。こちらはエビ系のベイトを意識しているであろう場面で多用します。見た目のリアルさを生かしナチュラルに誘うのもありなんですが、タフなときこそシンカーを重くするのがキモ。シンカーをアンカーとして使うことでアクションのキレが増し、ハングオフの際の瞬発的な動きで、リアクションバイトを誘いやすくなります

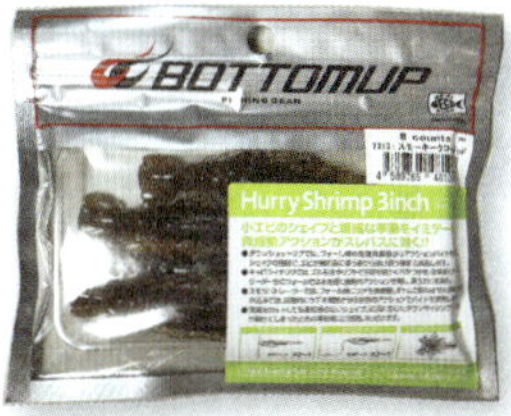

スワンプミニ（レインズ）

トーナメンターをはじめとするガチ勢御用達ワーム。スワンプシリーズと言えばネコリグのイメージがありますが、ダウンショットにもジャストフィット。マス針を使ったワッキーセッティング、オフセットフックを使ったストレートセッティング、いずれにもマッチしますが、個人的に、ワッキーセッティング＆シェイクで誘うような使い方が多いです。ショートリーダーにして中層で使うのも、よく釣れるのでオススメです！

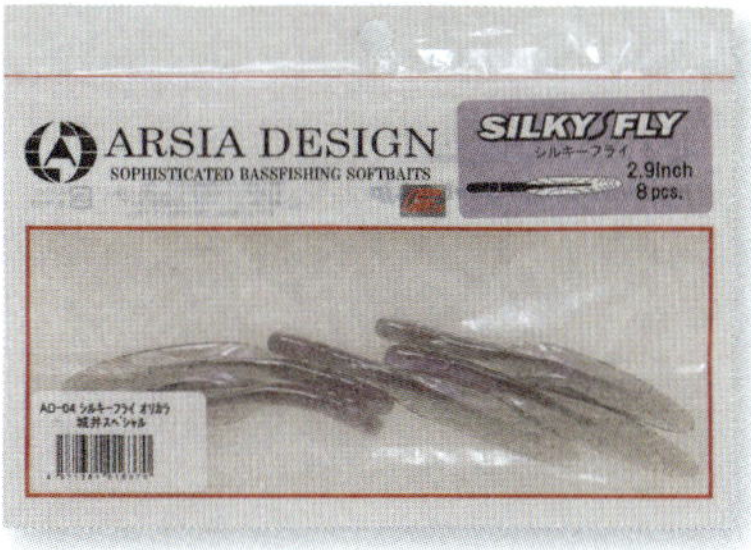

シルキーフライ（アルシアデザイン）

これは最重要ルアーのひとつ。個人的には超ショートリーダーでのミドスト＆ボトスト的な使用に限定。このルアーと釣り方を教えて下さったのが、七色ダム猛者である城井さんという方。その時の経験は自分のバス釣り人生の中でもトップクラスの衝撃でした。タフな時こそ真価を発揮する勝負ルアーです！

俺の七色ダム師匠・城井勝央名人のマネーベイト!

ダウンショットリグという言葉はここから生まれた

ミートヘッド（ズーム）

時は90年代、今江克隆プロの使用により、ダウンショットリグというものを世に知らしめ、完膚なきまでに定着させた立役者が、このミートヘッド。当時は、猫も杓子もミートヘッドのダウンショットを投げてたものですが、いまだに使っている人はどれくらいいるんでしょうか？　ちなみに自分は今でも超現役で実戦投入してますが、相変わらずの釣れっぷりです。シンカーはウォーターグレムリン、カラーはウォーターメロンシードで決まりです！

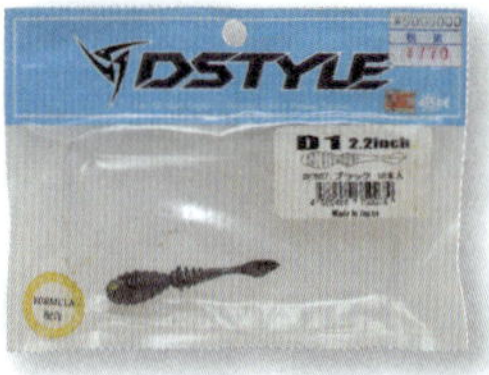

D1（ディスタイル）

日本屈指のフィネス・テクニシャンである青木大介プロ監修のスモールベイト。ダウンショットリグとの親和性も高く、軽めのシンカーでナチュラルに、重めのシンカーでリアクションねらいにと、多彩な使い分けができるのも持ち味です。そのまま使ってもよく釣れるんですが、激タフ対策の最終手段として、ボディーセンターのくびれの部分でカットしテール部だけを使うという裏技もあり。いずれの場合も、マスバリ使用で基本はチョン掛けです

サターンワーム（ダイリツ）

90年代のバスブーム以前から存在し、今でも高い人気を誇るスーパーロングセラー。世代的に、スプリットショットリグ用としての思い入れが強いんですが、ダウンショットで使っても非常によく釣れるんですよね。自分的なイメージとしては、弱いレッグワーム。今時の物と比べると見た目のリアルさとかはないんですが、アクションは極めてライブリー。リアクションねらいよりは、ナチュラルな誘いを入れたいときに活躍してくれるワームです

ハンハントレーラー（常吉）

元々ハンハンジグ（スモラバ）用のトレーラーとして開発されたワームではありますが、ダウンショットリグでも極めて高いパフォーマンスを発揮してくれます。深いリブと独特の形状を持つツインテールが生み出すアクション、波動がスレバスに効くんです。ボトムでの使用はもちろん、中層スイミングで使ってもいい仕事をしてくれますよ。中古屋さんでも見つけづらくなってきたし、手持ちも品薄です

ガルプ・サンドワーム（バークレイ）

ワームの味やニオイの効果に関しては諸説色々ありますが……、自分の経験的に、食わせの釣りにおいては、ハイプレッシャーになればなるほど効果があるというのがひとつの答え。ガルプシリーズは、そのマテリアルの硬さゆえ、普通のワームに比べるとアクションのナチュラルさはないんですが、折れ曲がったりしにくく、ステイ時の姿勢保持がしやすいのがメリット。確信を持って一点でガン粘りするような場合は心強い武器となってくれます

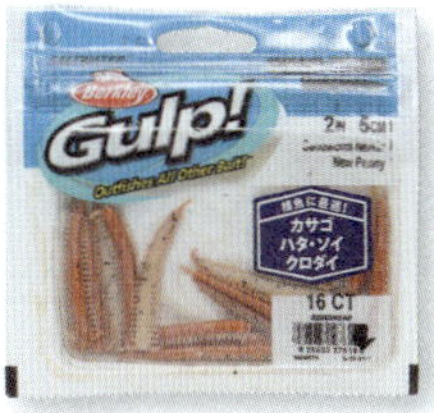

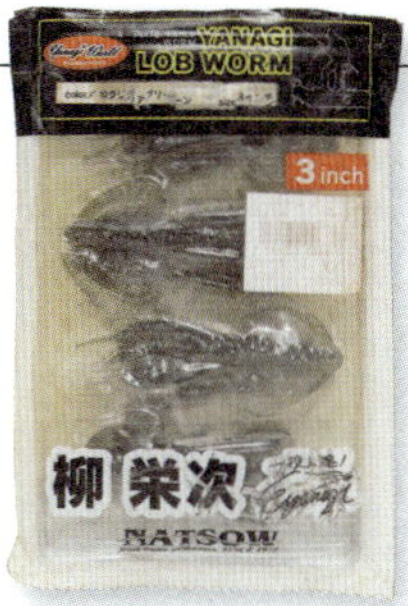

ロブワーム（ナッソ）

懐かしの、JBワールドシリーズ（今のJB TOP50の前身）チャンピオン・柳栄次プロ監修モデル。今はこのくらい精巧な造形のホッグ系ワームも普通にありますが、当時の技術レベルを考えると超絶に攻めた作りですよね。ベイトフィネスという言葉もない時代に、ベイトフィネスっぽい1/8 oz～3/16 ozのダウンショットの釣りで、よく使ってました

快適リアルオキアミワーム（ダイワ）

このワームは、子どもと一緒に小バス釣りに行ったときにネタ的に使ってみたんですが、もうね、反則です。見た目のリアルさだけでなく、手や触覚の部分がモジョモジョ動いて、本当に生きているエビみたい。そりゃ、釣れないわけないですよ。とは言え、これだけリアルなのにもかかわらず、賢いデカバスには簡単に見切られちゃうというのも、これまた真実。ルアーフィッシングの面白さが失われずに済んで、ちょっとホッとしました（笑）

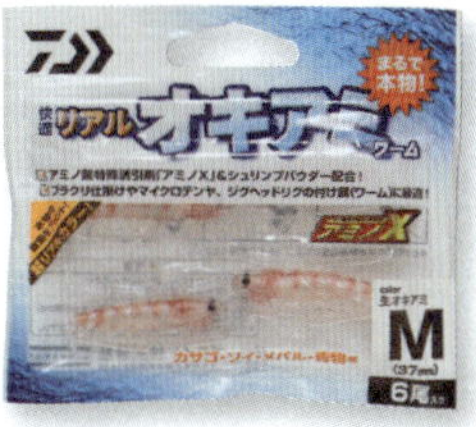

マイクロ
クリンクルカッツ
（ポパイ）

かつて一世を風靡したクリンクルカッツのダウンサイジング・モデルとして登場。二番煎じ的イメージが先行し、その真価を理解されぬうちに時代の仇花と散った悲運のワーム。偶然の産物なのかねらって作られたのかは不明ですが、その釣獲能力は現在でも最前線で通用するレベル。ダウンショットリグで使用する場合は、低比重で張りのあるマテリアルと左右対称のボディー形状を生かした、マスバリ使用のワッキーセッティングがオススメです！

8th LOVE!

ワカサギパターン必携ルアー

津久井湖、入鹿池、生野銀山湖、etc……。かつて高難度レイクとされた湖が、ここ近年活況だ。それらのレイクに共通するのがワカサギの繁殖。ワカサギは、いまや日本のバスシーンに欠かせない存在なのである！

ワカサギ、それだけじゃない。

これまで、富士五湖や霞ヶ浦水系、関東周辺のリザーバーなど、ワカサギがメインベイトとなる釣り場で経験を積んできました。

今のようなワカサギパターンというものが体系立てられる前とそれ以降では、色々と認識が変わったことも少なくありませんが、実際に自分が釣りをしてきたなかで得た気付きは大きく外れていなかったなというのが、今になっての感想です。

使うルアーは変われど、やってることは今も昔も大きく変わりません。河川や野池などを除く関東のメジャーレイクの多くがワカサギレイク。関西などでも、ボート屋さんや漁協さんの尽力により、近年になってワカサギが移入されたダム湖などもあります。

琵琶湖も、何かのきっかけでワカサギが繁殖し、バスの食性にも大きな影響を及ぼしてきています。今や、日本のバスフィッシングを考えるうえで、ワカサギというものの存在はとても大きい。……というわけで、今回は、自分的ワカサギパターンにまつわる思い出ルアーを紹介させて頂きます（※アラバマリグを除く。アレは別格すぎるので……）。

とはいえ、地方在住の方のなかには、「自分の行く釣り場にワカサギなんていないよ……」という方も少なからずいらっしゃると思います。でも、ここに挙げたルアー達は、なにもワカサギパターンでしか使えないモノではありません。固定概念にとらわれず、バスがあらゆる小魚に反応している状況で投げてみてください。

マッチ・ザ・ワカサギの元祖

アライブシャッド（矢口釣具）

現在では、もっとリアルでベイトフィッシュライクなワームも多数発売されていますが、自分的にワカサギパターンといえば、昔からアライブシャッド。ミドストやダウンショットで使うことが多いですが、ノーシンカーの放置（厳密に言えば超スローフォール）もメチャメチャ釣れます。最近、あまり売ってないのが悩みですね……

SSワーム（タックル本舗）

一見、アライブシャッドの劣化版コピー（失礼……）。しかし、このワームは凄いんです。何が凄いって、細っこいマスバリを使ってノーシンカーで使うと水面に浮くんです！　今の表層系Ｉ字ルアーが生まれる20年近く（それ以上？）も昔、ワーム禁止になる前の河口湖や西湖で殺人的に釣れました。もはや入手は不可能なので、いつかこれに代わるモノを作りたい！

嗚呼、懐かしき、ワカサギパターン攻略ルアー

プロリグスピン（ノリーズ）

ワカサギの群れに着いているバスのなかでも、比較的高活性な個体をねらうときに使います。同じブレード系ルアーのなかでも、スピナーベイトよりも浮き上がりづらく、テールジグスピンよりもスローに引けるので、使いどころは多いですね。トレーラーはアライブシャッド4 inやデスアダー4 inなどのピンテール系を多用します

アイスジグ（ラパラ）

その名のとおり、アイスフィッシング用のメタルジグですが、早くからワカサギレイクとして知られていた九州の北山湖では、ワカサギパターンの定番ルアーとしてお馴染みでしたね。バーチカルに落として使うルアーなので、ボートでの使用が基本。魚探が進化した現在、改めて使い込んでみたいルアーのひとつです

プロバズ（エクスキャリバー）

20年以上昔の話。冬の河口湖で、表層でワカサギがザワついているのをみて、釣友と「これ、トップでしょ⁉」と、思いつきで投げたら（半分は悪ノリ）、想定外の入れ食い。当時、ベイトフィッシュパターン＝リアル系ミノーみたいな風潮が全盛だったので、鈍器で殴られたような衝撃でした。ただ、その後、同じような状況には遭遇しておりません（笑）。あれは一体なんだったんでしょうか……

ダイラッカ（ノリーズ）

ビッグスプーンと言えば、中層のベイトフィッシュパターンを大きく変えたゲームチェンジャー。このダイラッカは、日本のワカサギパターンにマッチしたサイズ感と使用感で、トーナメントなどでも高い実績を誇ります。釣り方自体もシンプルで、寒い時期でもよく釣れるので、使ったことない人も一度試してみることをオススメいたします！

こんなルアーでもワカサギパターン①

春の高滝湖×フラット70SP

早春のワカサギパターンで知られる、高滝湖・養老川筋でのオカッパリ。日が傾くまではノーバイト。夕暮れ近くになってバイトラッシュが始まった。個人的にワカサギパターンにおいて絶大なるコンフィデンスを持っているフラット70SPでの釣果

こんなルアーでもワカサギパターン②

春の山中湖×ニンジャグライダー&フラット110SP

４月上旬とはいえ、まだまだ冬の様相の山中湖オカッパリ。強風で岸に寄せられたワカサギにバスが群がるという、まさに典型的なワカサギパターン。フラット110SPとニンジャグライダー（当時はまだプロトの段階）で50UPが連発！　連載史上イチのベストバウト

9th LOVE!

ニンジャが甘口にビッグベイトを切る！

「ただ夢を見るだけじゃなく、現実的に釣るために投げる。それがビッグベイト必釣の心構えナリ！」ということで、ニンジャ推奨の釣れ筋ビッグベイトを甘口にインプレ（一部思い入れ枠もあり）

いろいろ投げてみました

ビッグベイトは大好きなジャンルのルアーです。なにせ、自分でもビッグベイトをプロデュースするくらいですからね。

ビッグベイトというと、どこか神格化されたルアージャンルというか、何かとてつもないパワーを持ったものだと思われたり、逆にやぶれかぶれで投げるようなギャンブル的ルアーと思われがちです。

……が、冷静にその機能を観察すれば、「大きいシャッドテールタイプ」「大きいクランクベイト」「大きいトップウォーター」というように、通常のルアーの延長線上にある存在であることがわかります。つまり、状況にマッチしていれば普通に釣れるし、状況に合ってなければ釣れない。

ただ、たとえ釣れなくても、その圧倒的な集魚力でバスの存在を確認できるというのも、ビッグベイトならではの使い方。ビッグベイトって、実は極めて現実的なルアーなんです。

検証として、色々なルアーを実際に投げてみて感じたのは、「どのルアーも釣れそうだな〜！」ということ。それもそのはず、これだけSNSが発達した時代、できの悪いルアーはすぐに淘汰されて、現行で売られているものはしっかり考えて作られているものばかり。中には、そんなに人気はないけど（失礼……）これ凄いな〜！というルアーもあったりして、自分的にも、ほんとよい勉強になりました。簡単なスペックも載せたので、ご参考までに！

最強の障害物回避能力。シンキングチューンがオススメ！

ニンジャスイマー180F（デュエル）

●180㎜、62ｇ、フローティング

これは元々、「カバークランキング用ビッグベイト」として開発したモデル。最大潜行深度は1.5mほどで、アクションも波動も強め。面積の大きいリップとハイフロート設計でカバーをしっかりかわします。かなり浮力が高いので、浮き上がりを抑えたいときやスローに攻めたいときは、板オモリなどによるウエイトチューンもオススメ。ちなみに、自分の場合、表層使い以外はほぼウエイトチューンして使います。その中でも、板オモリを大量に貼ってシンキングにして使うのは最強技のひとつ。これ、実は、亀山湖のローカル・トーナメントのウイニングルアーにもなった実績があるんですよ！

ニンジャグライダー 180SS（デュエル）

●180㎜、75ｇ、シンキング

ワタクシがプロデュースさせていただいたＳ字系ビッグベイトです。フラットなボディー形状が生み出すフラッシング＆色調変化で、広いエリアから効率よくバスを探し出すというのがメインコンセプト。水中姿勢は水平で、沈下スピードはスローなんですが、スピーディーなゲーム展開でも使いやすくするため、巻き始めから水を受けて潜行していくようボディー形状＆バランスを設定してあります。また、激スローに引けばＩ字アクションに切り替わるので、フェザーフックを付けてＩ字系ビッグベイトとして使ったり、「Ｓ字で追わせて、Ｉ字で食わす」というような使い方もできます

ジョインテッドクロー 178F（ガンクラフト）

●178㎜、55g、フローティング

持ってない人はいないんじゃないかと思うくらい、説明不要の人気Ｓ字系。ワタクシが今更インプレする必要、あります（笑）？ SS（スローシンキング）モデルがメジャーですが、フローティングモデルなら水面で引き波を立てながらのスローなＳ字や、シンカーウエイトの調整で自由にシンクレートを調整できるので、やり込んでる人はフローティングをチューニングベースとしていることも多いです。Ｓ字の幅はSSモデルよりも狭め。ウエイト調整で頭下がりにしてやれば水の受け方が変わってＳ字幅も変わります

ティンバーフラッシュ
(エバーグリーン)

●230㎜、74g、フローティング

改めて巻いてみて、やっぱりすごいルアーだなと感じました。ウッドボディーのジョイントとシャッドテールの効果で水面をうねうねと強く複雑にかき回します。この動きはヤバイ。秀逸すぎる。最近はこの手のビッグベイトを使う人が減ったけど、今でも、いやむしろ今でこそ釣れるはず。当時はこのサイズ感って「でかい！」と感じたけど、ジャイアントベイトなるものが出てきた今となっては「大き目のトップウォーター」という感覚で使えるのでは？ 正直、今回のインプレで改めて使いたいと思ったルアー No 1

マザー (ロマンメイド)

●300㎜、300g、シンキング

息の長い人気のジャイアントベイト。投げるのにはそれなりの力とタックルが必要ですが、動かすのはとても簡単。シンキングレートは超スロー。水中姿勢は水平で、水をまとって滑らかなＳ字を描きます。リトリーブスピードは低～中速が基準で、速くしていくとロールが入りますね。集魚力が半端ないので、ねらったエリアにバスがいるかの確認するためのサーチベイトとしては超優秀。表面積が大きく、バスが怯える鋭い着水音になりにくいのも特筆すべき点です。決して安価なルアーではないけれど、この大きさと仕上がりの美しさは「相棒」という感覚で使い倒したくなり、所有する喜びを与えてくれると思います

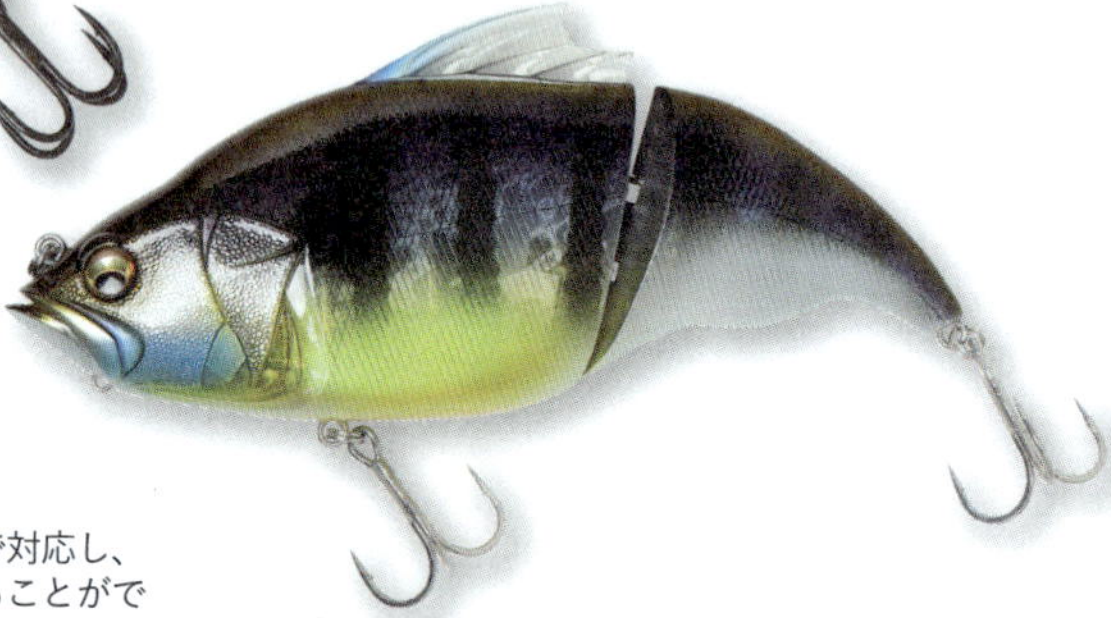

ブルシューター160SS (デプス)

●160㎜、107g、シンキング

ギル型ビッグベイトブームの火付け役。僕も本当にお世話になってます。ショートピッチのＳ字系として非常に優秀で、スロー～高速巻きまで対応し、ロッドワークでヒラを撃たせてスイッチを入れることができます。フラットなボディー形状で、「ズボッ」ではなく「パチン」系の着水音。これがバスを呼ぶんです！ ボトムまで沈めてもフックが立った状態でステイするので根掛かりも少ない。使いやすくて、よく釣れる。文句なし！

ヴァタリオン190 (メガバス)

●190㎜、135g、フローティング

ギル型ビッグベイトでありながら、機能としてはバイブレーションですね。ロール主体でパタパタ泳いできます。基本的にはただ巻きで使いたいルアーですが、トゥイッチでテーブルターンなど小技もイケます。フローティングなので、サブサーフェスのでかギルパターンで使いたいですね。琵琶湖でウイードトップにギルが浮くときなんてテキメンでしょう。サイズはかなり大きいですが、ジョイントの効果で動きも柔らかめ。アゴ下にシンカーが付けられる仕様なので、シンキングにしてボトムで使っても面白そう

レアリスオニマス188S（デュオ）

●188mm、77g、シンキング

ボディーの薄さが特徴的ですね。見た目からイメージできるとおり、水を逃がして、高速巻きでもキレのあるＳ字アクションを見せます。頭下がりの水中姿勢で、沈下速度は割と速め。深いレンジでも使いやすいです。ただし、その分、レンジキープするにはそれなりの巻きスピードが必要。沈む際もＳ字を描きながらヒラを撃つようなアクションでアピール。フラット面がしっかりあるので、フラッシング系のカラーでギラギラさせたいかな

バンタムBTフォース（シマノ）

●190mm、50g、フローティング

波動強めで、引き波もしっかり出るパワー系表層ビッグベイトです。特殊な形状のテールの効果なのか、スプラッシュを上げるのが特徴。このスプラッシュがルアーの存在感を曖昧にして、バスにルアーを見切らせない効果があるんだとか。ナルホド。ピンスポットでの首振りもかなりイージーだし、幅の広いリップと高浮力ボディーの相乗効果で、カバー周りでもきっと使いやすいはず。これは、釣れる！

G.C.ハスフラット180F水面ノイジー（一誠）

●180mm、51g、フローティング

直角に立ったリップが付いた表層系。「チャラチャラ」となる小型のラトル入りで、まさにノイジー。アクションはロールがかなり強く、スローにも巻きやすい。ただ巻きはもちろん、首振りアクションも思いのまま。近年霞ヶ浦水系で流行っているピンスポットのテーブルターン的な使い方でかなりよさそうです。とにかくグリッグリにロールするので、ほかのルアーと差別化できそう

ライザージャック（フィッシュアロー×DRT）

●220mm、69g、フローティング

人気ビッグベイトブランドのコラボルアー。小型リップと大型のテールで、かなり動きがタイトに抑えられています。引き抵抗もかなり軽めで、速巻きにも対応。ややロールが入ったタイトウォブルでピューっと泳ぎます。キャスタビリティの高い後方重心で、浮き姿勢は頭上がり。潜行させてからストップを入れると、その名のとおり首を振りながら浮上するライザーアクションを見せます。さらに、リップを外せば水面で三角波を立てながらのＩ字引きができるという芸達者なルアーです

ダンクル7in
(ジャッカル)

●170㎜、62g、シンキング

個人的にも愛用しているソフトスイムベイト。全体がワーム素材のスイムベイトはバランスが崩れやすいのですが、ダンクルはとってもきれいに泳ぎます。アクションはタイト目で、ヘッドがわずかに振れながらテールはタイトロールで水を逃がし、スレたバスにも嫌われにくい動き。ヘッドから素早く沈んでいくので、深めのレンジも巻きやすいです。背バリ仕様にできてボトムでも使えます

ヒラクランクギルSビル140F (ノリーズ)

●140㎜、41g、フローティング

比較的小型のギル型ルアー。「これで釣りたい!」というロマンを掻き立てるルアーというよりも、どちらかというと釣るための機能に特化させた漁具的ルアー。その機能とは「首振り」。ショートボディーと可動域の広いジョイントの効果で、まったく手前に寄ってこないほどに移動距離を抑えた首振りを、ピンスポットでネチネチ行なえます。カバーや縦ストの際などで使いたいですね。ハイプレッシャーな房総リザーバーなどはもちろん、近年は霞ヶ浦のビッグベイトパターンでも再ブレイクしましたね

ブリキンスイマー5.4in (ゲットネット)

●137㎜、32g、シンキング

小型のソフトスイムベイト。スローリトリーブでもテールがパタパタ動いて、しっかりアピールしてくれます。左右に飛び出たフィンがスタビライザーとなってバランスもよいですね。M～MHパワーくらいのタックルでも使いやすいので、オカッパリでタックル本数が限られるときなんかにも重宝しそうです。コストパフォーマンスも魅力です!

ヘッドボムバブゥTYPE-II
(10 TEN FEET UNDER)

●120㎜、30g、シンキング

M～MHのタックルで扱える小型ソフトスイムベイトです。オリジナルモデルをより細身にし、テールを薄くして速巻きに対応しているみたいで、たしかに速めに巻いてもバランスが崩れません。流れのあるフィールドなんかにもよさそう。あと、スキッピングもかなりしやすいので、小場所のオーバーハングの奥とかにバンバン滑り込ませてみたら面白そうですね

ジャパニーズ・ビッグベイト・ブームの先駆け！

モンスタージャック
（フィッシュアロー）

ビッグベイトブームをけん引した、ジャパニーズビッグベイトの元祖ともいえる存在。いま改めて投げると、必要な機能をしっかり備えたそつのないルアーですね。このルアーがあったから、その後これだけのビッグベイトが出てきたんだなぁ……いい時代でした（懐）

ブラックデュラゴン（シグナル）

自分でビッグベイトをプロデュースした今でも超１軍、絶対に手放せないビッグベイトです。水を受け流す独特のシェイプとワーム素材のヒレのおかげで、ハードボディーらしからぬヌルヌルと艶めかしい泳ぎを見せてくれます。着水音も柔らかめで、食わせる力が強く、ソフトスイムベイトに近い感覚で使えるのが魅力です。ウエイトを貼ったりすることで泳ぎの質を変えることができるので、チューンのし甲斐もありますね

ビリーバー（ドリフタータックル）

もともとはパイクだったような気がしますが、牛久沼などでトッパーさんたちに熱く支持されたルアー。ふたつのアイを搭載し、潜行深度が変えられるんですよね。水面からダイブさせて、アシ際でダーター的に使うのがポピュラーな使い方。偉そうに語ってますが、実は２尾くらいしかこれで釣ったことありません（笑)。でも、夢のあるルアーで最高ですね！

タロン（オスプレイ）

まさにスイムベイトの初期衝動。日本バスフィッシングシーンにとっての黒船的存在といっていいルアー。初めて使ったときはその集魚力に感動を覚えました。今改めて引いてみると……、うん。粗いね（笑)。スローに引くと動かないし、横を向いちゃったりします。でも昔のビッグベイトってそういうのがむしろ普通で、アングラーが色々チューンをしてバランスを出したり、アクションを変えてやったりするのが常識でした。それがまた楽しいんですよね

180（ジャッカル）

早すぎた名作。ワンエイティーの名のとおり、トゥイッチするとヒラを撃ちながら軽快なテーブルターン。釣れないワケがありません。惜しむらくは、当時まだそのようなビッグベイトの使い方が浸透していなかったこと。ただ巻きだと動かないので、使い方がよくわかってない昔のアングラーは「動かね〜」なんて言ってましたが、今となってはむしろこのＩ字的アクションも釣れそうな気が……

ユニオンスイマー
（フラッシュユニオン）

近年多用しているソフトスイムベイト。ビッグベイトといえるサイズ感ではないかもですが、とにかく釣れます。一般的なソフトスイムベイトと違ってフローティング仕様なので、止めて浮かせることもできるし、チューンの幅が広いです。バランスのいい泳ぎや耐久性の高いボディー、フックを固定するためのホールなど、随所に気が利いています

サイレントキラー（デプス）

ハードボディーをソフトシェルで覆うことで、その名のとおりフックやボディー同士の干渉音を排除したビッグベイト。着水音もソフト。発売からかなり時間が経ちますが、リップレスのスライドスイマーと合わせていまだに売れているロングセラーです。数年前には霞ヶ浦のビッグベイトパターン用として、145モデルがブレイク。堅実な基本性能の高さはもちろん、チューニングベースとしての懐の深さも人気の理由。ソフトボディーですが、動きはエッジが立ったカクカク系

ウオデス（常吉）

自分のバスフィッシング人生において一番釣っているソフトスイムベイト。これが発売されたころ主流だった米国製スイムベイトは、チューンして使うのがデフォルト。そんな中、ノーマルの状態でもスロー〜速巻きまで破綻せずにしっかり泳いでくれて、そのうえ、純正で２フック仕様。吊るしの状態で使えるというのは有り難かったですね。今でも戦闘力は一線級。歴史的名品と言ってもいいと思います

自分史上
最も釣ってるビッグベイト

今どきの
ビッグベイトを凌駕する
強波動＆強アピール

ビッグオー（コットンコーデル）

これは、世の中にまだ「ビッグベイト」という概念がない時代、「とにかくデカイのだけ釣りたい！」というときにビッグベイト的に使っていたルアーです。その昔、ショップがウケねらいで入れたけど全然売れなくて、特価で投げ売られているこの手の巨大ルアー、結構ありましたよね？　これ以外にも、色々な馬鹿デカルアー使ってましたが、そのおかげもあり、ビッグベイトが日本に入ってきたときも抵抗なく、すんなりと受け入れることができたんですよね

ハイサイダー
（旧モデル／デプス）

これは早すぎた名作。リップ付きのままでももちろん釣れますが、リップを取ってシンキングにして、今でいうバラム的な感じで使うのが当時のシークレットでした。水を逃す多連結で食わせ力が高く、小技も利くので、サイズを選ばずよく釣れました。デカバスだけをねらうというわけには行きませんが、これって、個人的には素晴らしいことだと思います。最近見事ABS素材で復活を果たしましたね！

ブロディー（バークレイ）

逆向きテールが印象的な今江克隆プロ監修モデル。テールを逆さにセットすることで浮き上がりが抑えられてレンジキープもしやすいので、ウオデスと使い分けて、深めのレンジではメインで使ってました。改めて泳がしてみても、やっぱり釣れそうなアクションです。いち早く、背バリセッティングにできる仕様にしたり、後付のウィードガードが付属したり、まさに時代の先端を行っていた名作ですね

ミッションフィッシュ（316ルアーズ）

スキッピングでカバーにぶち込むためのスイムベイト。インラインでオフセットフック仕様。ウイードのなかでも使いやすい。今となってはスイムジグなんかで同じ釣りができるので「スイムジグでよくね？」と言われたら「お、おぅ……」としか言えません。でも、こんなルアーも夢があっていいじゃないですか

10th LOVE!

ニッポンのフィネス・ハードベイト

タフな状況を攻略するために生まれた、日本発祥のフィネスハードベイト。繊細さを極めたそれらのルアーは、時にソフトルアーを凌駕する釣果を叩き出す。その威力をまだ体感してない貴方、今すぐお試しを。

ワカサギの存在がもたらしたスモールベイトの進化

　この手のルアーは、日本発祥のものがほとんど。そのすべてとは言いませんが、根底で大きな影響を与えているのは、間違いなくワカサギというベイトフィッシュの存在でしょう。

　また、河口湖や西湖、芦ノ湖などのワーム禁止レイクでワームを凌ぐ釣果を出したい！　というアングラーの欲求も、その進化に拍車をかけたと思います。

　そのような背景のなかで生み出されたこれらのルアーですが、機能的側面から改めて見直すことで、より多くの状況に活用の場が広がっているというのが、今の現状だと思います。

　実際、ワカサギというと、関東のフィールドのイメージが強くありましたが、最近では、琵琶湖など西のフィールドでも生息数が増え、釣りの主軸になるほど。

　そして、たとえばスパイベイティングなど、日本発祥のメソッドやルアーが本場アメリカのバスフィッシングシーンを席巻するということが、現実に起こっています。そのようななかで、これらのルアーも更に進化し、また、思いもしなかったような新しいルアーが今後生まれてくることでしょう。

　実際、自分の中にも、いくつものアイデアがあります。……が、さすがに、ここで紹介するわけにもいかないので、今回は自分的に「使いやすくてよく釣れるな〜！」という、オススメのルアーたちを紹介させていただこうと思います。

　ときとしてワームを凌ぐほどの釣果、

KVDも愛用した秘密のスパイベイト

レアリススピンベイト80 G-FIX（デュオ）

KVDのバスマスター優勝により、アメリカで一躍大ブレイクしたスパイベイティングメソッド。その際の使用ルアーがコレ。琵琶湖のプロガイド・西島高志氏が手掛けるG-FIXシリーズのこのモデルは、オリジナルモデルよりも重めのウエイト設定で、深いレンジでも扱いやすいのが特徴。キャスタビリティーも高く、ベイトフィネスでも使えるので、琵琶湖などビッグフィールドでの使いやすさも際立ちますね

リサ70F（T.H.タックル）

ベントミノーなどと同じ系譜のリアルベイト。劇的なまでにリアルな見た目はもちろん、湾曲したボディーが生み出す動きは、まさに瀕死のベイトフィッシュ。ボブルヘッド同様、飛距離は出しにくいけど、そこは食わせ能力の高さでカバー。2ヵ所のアイポジションを使い分けることで多彩な使い方が可能ということだけど、誰でも簡単に……というわけではないかも。ただし、使いこなせたときの威力は果てしない！

トラファルガー5（ティムコ）

富士五湖や相模湖などの関東フィールドで爆発的な釣果を叩き出しているという噂は聞いていましたが、名古屋住まいだと全然リアリティーがなくて、ここ数年になって使い始めたんです。静の釣りが主体となる今までのＩ字系とは違って、ロッドワークを駆使して仕掛けていく釣りは、今後の主流になりそうな予感

ビッグベイトを凌ぐほどの破壊力を見せるこの手のルアーですが、やはり、技術やタックルによって釣果の差が出やすいというのも事実。初心者の方や、この手の釣りが苦手な方は、ＤＶＤやＹｏｕＴｕｂｅなどの動画を見るのもいいと思います。とにかく、釣れるイメージを叩き込んでください。それでもどうにもならないときは、その釣りやルアーに精通するガイドさんなどに教えてもらうことをオススメします。

まるで木の三節棍。めっちゃシンプルだけどめっちゃ釣れる

ドラゴンスライダー（ドラゴンルアーズ）

これはザックリ言うと、ワーム禁止レイクで使うための疑似ワームみたいなモノですね。ヘッド部にウエイトの入ったタイプ（ジグヘッドタイプ）と、マスバリチョン掛けで使うタイプ（ノーシンカータイプ）の２種類あり。FECOルアーなのでJB NBCトーナメントでも使用可能です。秘密にしておきたかったんですが、復活の期待を込めて、ここに明かします。どこかのお店で見つけたら、是非ご連絡ください（笑）

ステルスペッパー70S（ティムコ）

数あるシンキングプロップベイトのなかでも最も高実績なルアーと言っても過言ではないでしょう。なんと言っても、水中で姿勢が崩れにくく、安定したＩ字アクションを出せるのが素晴らしい。高い回転性能を生み出す超極薄プロップのおかげで、デッドスロー〜ハイスピードまでレンジキープしやすいので、この手の釣りに馴染みの薄い人にもオススメです。キャロライナリグでのディープねらいにも◎！

ボブルヘッド70F（T.H.タックル）

見た目のとおり、エサそのものです。自重も軽いし空気抵抗もあるので飛距離は出しにくいですが、それを補って余りあるくらい釣れる。使い過ぎで標準装備のティンセルが取れても、浮かべとくだけで釣れる。機構的にはジジル（シマノ）なんかと似てますが、やっぱり、このリアルさは偉大ですね。個人的になくなったら困るルアーの筆頭格なので、最近売ってるのを見かけないのが心配の種です

訪れたのは、日本バスフィッシング発祥の地・芦ノ湖。I字系など小型プラグでの釣りとも親和性が高く、フィネスなハードベイトを求めるにはうってつけの釣り場。が、バスもなかなか天才君で、ガンガン見切られます

バスが多く着く桟橋（人がいるときは投げないように！）やブイをメインにねらっていく

グロッキー70SP（ティムコ）

写真の芦ノ湖釣行時、I字系での釣果はありませんでしたが、もっともバスの反応がビビッドだったのが、実はこのグロッキー。改めて使ってみて、このルアーの凄さを垣間見ました。特筆すべきは、固定式シングルフックの優位性。フックの出す音や存在感を消せるというのもありますが、ただ引き＆ドリフトで使う際の無抵抗なスライド感は、ピンテールワームのI字引きのそれと同じ……。まさに早過ぎた名作！

デルゼ70F（ティムコ）

実を言うと、親交のある中田敬太郎プロが開発に携わったということで、単なる贔屓目から使い始めたんですが……（笑）、今や自分の釣りの軸のひとつとなっています。後発のモノと比べると、若干キャスタビリティーに差を感じちゃいますが、強烈な向かい風以外は問題なし。放置でもドリフトでも扱いやすいし、自発的なローリングアクションでしっかり魚を寄せて、フッキングもいい。まさにそつない優等生

グリマー6（ティムコ）

史上初のミドスト専用プラグとして発売されて以降、唯一無二のアクションを武器に、多くの実績を積み上げてきたグリマー。ハードベイトならではの水押しやフラッシングによる圧倒的な集魚力で、ソフトベイト以上の釣果を叩き出すこともしばしば。使いこなすには技術の要るルアーだけど、ワームのミドストよりは大味な釣りだと思うので、ミドストが苦手な人にもぜひトライしてもらいたいルアーですね

ナギサ65SP（ジャッカル）

ある年の夏、琵琶湖・北湖でのガイド中のこと。ゲストさんがこのルアーを持って来られていて、めちゃめちゃ釣っていたんです。気になるので自分も借りて投げさせてもらったんですが、ほかのI字系ルアーと比べても圧倒的に釣れる。ほかのルアーでは見切るような状況でも、こいつだけは食う。それ以来、店で見かけるたびに買い足してます。琵琶湖でI字の釣りをするなら、持っておくべきルアーですね！

Ｉ字系や小型トップウォーターでチェイス多数……が、ギリギリのところでソッポを向いてしまう……。そんなモヤモヤした状況を打破したのがステルスペッパー

11th LOVE!

トップウォーター、遅いか速いかどちらが好み？

「スピードで騙す」「スローに魅せる」トップウォーターとひと口に言っても、場所や状況で使い方は変わるわけで……。ということで、速い釣りと遅い釣り、釣り方の違いにフォーカスして、大好きなトップウォータールアーをご紹介。

まぁ、どっちも好きなんですよ

トップウォーター（以後トップと略）とひと口に言っても、色んなタイプのルアーや釣り方があります。

昔ながらのペンシルベイトやポッパー、ナウい物ではI字系や虫系の釣り、ワームを使った表層の釣りも、とらえ方によってはトップの釣りだと言えるでしょう。

そんなトップの釣りを大別すると、速い釣りと遅い釣りに分けられると思います。

速いトップの釣りの代表格と言えば、ペンシルベイトやバズベイト、ウェイクベイトなど。ペンシルベイトなんかは、ルアーの操作に技術を要しますが、バズベイトやウェイクベイトなどは、投げて巻くだけと比較的イージーに扱えるので、初心者の方にも取っ付きやすい釣り。

いずれも、広範囲をスピーディーにサーチするのに適していると同時に、賢い魚にルアーを見切る隙を与えず反射的に口を使わせるという側面もあります。

逆に、ポッパーやI字、虫系などの遅い釣りは、ここぞ！という場所で使うのが大前提。使い手の判断力や技量が釣果を左右する、ある意味現実的で残酷さを秘めた釣りでもあります。

しかしながら、状況とルアーがマッチしていれば、適当に投げて放置してい

12月の河口湖にて、コロンコロンの1kgアップをNOI-Z Jrでキャッチ。冬でもトップは大アリです

スロー部門5選

断じて、スモールマウス専用ではありません!

プロップベイト本山バージョン・Aプロップ（スミス）

それまでのスイッシャーの概念を変えた、デッドスロー・ただ巻き対応のダブルスイッシャー。最たる特徴は、激スローに引いても高速回転する特殊ペラ（WBP可変プロップ）が生み出す、チリチリとした波動と音。その様は、まるで水面でもがく瀕死の虫。ルアーだと疑う余地もなく吸い込むようなバイトを量産してくれます。スモールマウスのイメージが強いルアーですが、ラージマウスにも効きます。クリウォーターのほうが有利っぽく見えて、霞ヶ浦なんかでもよく釣れる万能選手です

ゼンマイケロッパ（アクアビット）

パワーパックなど、ゼンマイで動くルアーは昔からありますが、そのほとんどが、その場でパタパタ動くタイプの物。このルアーはゼンマイの動力を使ってゆっくりと羽根をパタ付かせながら、後ろに後ろに下がって行くんですね。オーバーハングの手前に着水しても、奥へ入り込もうとしてくれる。さらに、ただ巻きではクローラーベイトとして機能。ゼンマイルアーというものの馬鹿っぽさ（失礼）と、見た目のファニーさに騙されてはいけません。こいつは、かなりヤバいルアーですよ……

るだけでもバイトを得ることが出来るイージーさも持っています。

　年を追うごとにハイプレッシャー化が進み、釣り場の難易度は増すばかり。でも、そんな中でも、トップの釣りは、比較的釣果を出しやすい釣り方だと自分は感じています。

　というのも、基本的にトップの釣りでねらうのは、水面を割ってルアーを食べてくれる、それなりにヤル気のある魚。

　釣りの速い遅いだったり、多少の選り好みはあるかもしれないけれど、出し所さえマッチしていれば、答えを導き出すのは難しくありません。

　ということで、今回は、速い釣り、遅い釣りに分けた自分的オススメ・トップウォータールアーを御紹介させていただきます。いずれもイージーに扱えて釣れるルアーばかりなので（一部、思い入れ枠アリ……）、もしよろしければ参考にしてみて下さいね。

トネスプラッシュ（ラッキークラフト）

世界に羽ばたく利根川のローカルベイト。多くの釣りウマから支持を得る、実戦主義のルアーですね。一番の特徴ともいえるプロップは、移動距離を抑える、アクション＆サウンドでアピールするというダブルミーニング。一般的なポッパーよりも更に短い移動距離とアピール力の高い波動＆サウンドで、高次元なピンスポット攻略を可能にしてくれます。ドッグウォークやただ巻きなど、多彩な使い方が出来るのも嬉しい点。個人的には、派手に音を立てるよりも、極々軽いトゥイッチ＆ステイで使うのが好きです

NOI-Z Jr（デュエル）

「オリジナルサイズのNOI-Z（105F）よりも使いにくい」という方もいらっしゃるんですが、まったくの別物なので当然なんです。ただ巻きメインの105Fに対し、こちらは、ロッドワークで首を振らせたり、ステイ時間を長く取って食わせる、スロー使いがメイン。……でありながら、ロッドを立て気味にリトリーブすれば、オリジナルのNOI-Zよりも高速で引けるという二面性も備えています。別れた女の思い出話をするみたいでアレなんですが、これは本当に良いルアーでした（笑）

T.H.クローラー（THタックル）

デカ羽根物系ルアーのなかでも、デッドスローな使い方で個人的に一番気に入っているのがコレ。とは言いつつも、デッドスロー以外でも幅広い速度域に対応する優等生なので、出し所はかなり多いです。アクション的なところはもちろん、高浮力＆低比重な発泡素材による柔らかい着水音も素晴らしいですね。モノ好きな人間としては、スイベル装着の可動式フックや貫通式ワイヤーによるウイングの取り付け方など、細かい造作にニヤニヤしちゃいます。さすが、濱田禎二さん作のルアー。マジ、リスペクトです！

ファスト部門8選

WHOPPER PLOPPER（RIVER 2 SEA）

軟質プロップによる破壊力のあるサウンドでバスを狂わせる、“浮く”バズベイト。本場アメリカでは、このルアーの登場により、従来型のバズベイトの出番が激減したともいわれるほど。トレブルフック仕様のため切れウィードやゴミを拾いやすく、超高速で巻くとボディが回転しちゃうなど、ちょっとした欠点もなくはないんですが、それを補ってあまりあるくらいゴキゲンなルアーです。流行の原点である130㎜モデルはもちろん、ダウンサイジングモデルも扱いやすくてオススメですよ

デスアダー4in（デプス）

近年は“スーパク”とかって呼んだりするみたいなんですが……、ノーシンカーの表層のただ巻きで使います。速めの釣りで、答えが出るのも早いので、広範囲をスピーディーに探るときにも重宝しますね。波動自体は弱く、派手な音や飛沫が出るわけでもないので、視認性のよいクリアウォーターのほうが向いている釣り方です。とにかく、泳ぎに乱れがないようにスーっと引いてくるのが一番のキモなので、視認性の高いカラーを使うほうが釣果が上がりやすいと思います

クリアウォーター最強のウェイクベイト

ウェイクマジック（エバーグリーン）

低速〜高速まで幅広いスピードレンジで扱いやすい、良作ウェイクベイト。同カテゴリーの名品とされるトリプルインパクトやスパイラルミノーなどと比べると体高が低く、喫水も低いので、それらと比べると引き感は若干弱め。そのおかげもあり、一見派手に見えつつも波動のトルクやサウンドが抑えられており、強すぎるアピールを嫌うバスにも効果があると感じています。深場のバスもしっかり呼んでくれるので、水質のクリアな釣り場のオープンエリアで使うと、その差を実感できますね

オーバーリアル63ウェイク（O.S.P）

リアルなルックスと多彩なアクションを武器に、現実的かつ容赦なく釣るためのウェイクベイト。ハイプレッシャーなフィールドや、バスがワカサギなどのベイトを偏食していてルアーへの反応を渋るような場面でもバイトを引き出してくれるので、心底頼りになる存在です。スピニングタックルで使用できるし、ただ巻きや放置といった簡単な使い方でもよく釣れるので、初心者の方にとりあえず1尾釣ってもらいたい！　というときなんかでもオススメしやすいルアーですね

カップラップ（ジャッカル）

ペンシルベイト的なドッグウォークもこなし、カップ付きノイジーのようにただ巻きでも使える、芸達者でハイブリッドなルアー。アクションの多彩さに加え、スロー～高速まで幅広い速度域での使用に対応するので、これひとつあれば朝マヅメなどの短いプライムタイムを逃さず攻めきれるというのもメリットですね。ダブルフックを装着すれば、浮きゴミやちょっとした切れウィードなんかのある場所でも扱いやすいです。カタログ落ちしちゃったのが惜しまれますね

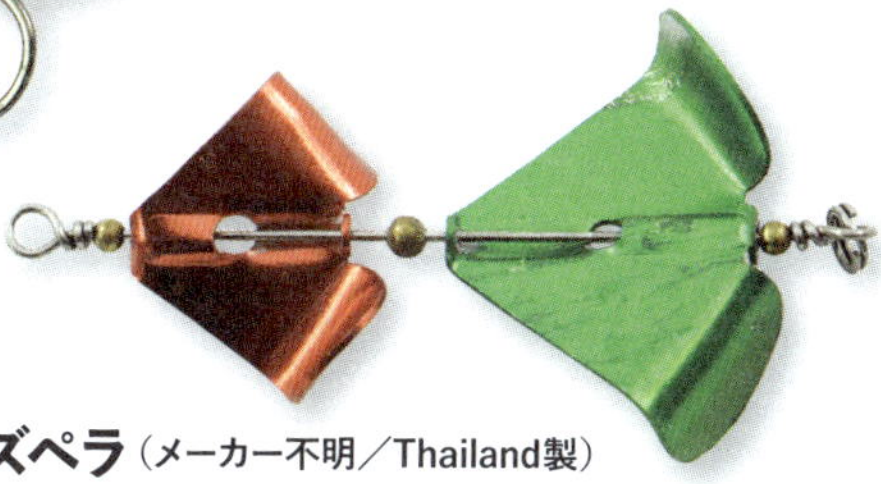

バズペラ（メーカー不明／Thailand製）

これは、以前タイに行ったときに現地の釣具屋さんで購入した物です。ジグヘッドやワームフック、フロッグなんかと組み合わせて使用する、後付けタイプのバズペラですね。日本国内だとバイオベックス製の物なんかがメジャーで、自分もよく使うんですが、超高速で引きたい場合は、この二連ペラのほうが圧倒的に有利なんです。アルミ製で甲高いサウンドというのもいいんですよね。カラフルな色遣いは、まあ、お国柄ということで……（笑）

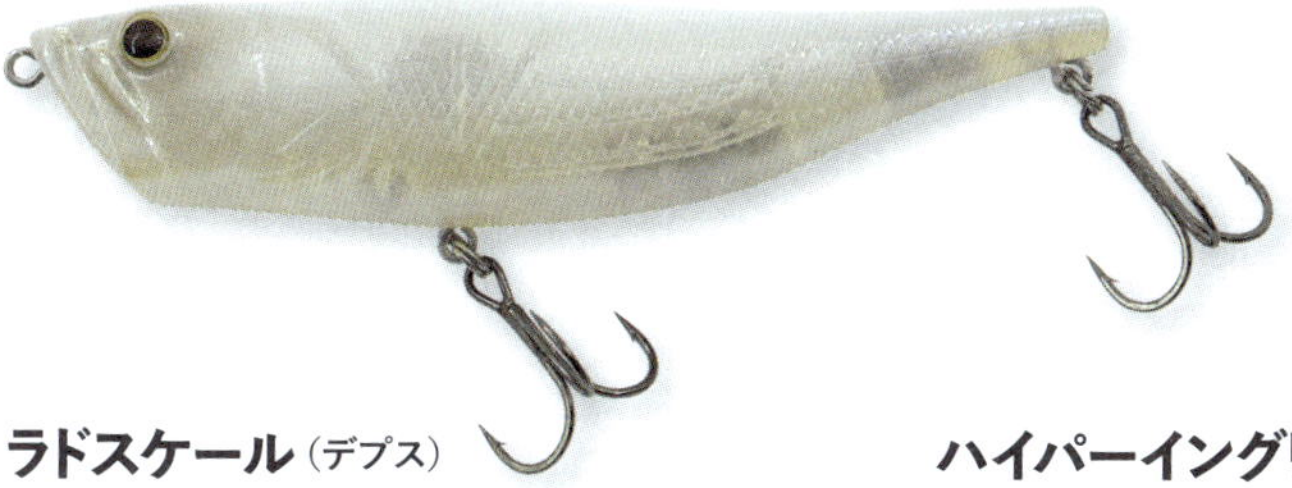

ラドスケール（デプス）

スケーティングの滑走距離も短く、ドッグウォークさせるにもコツが要る。なかなかに扱いにくいペンシルベイトだな……というのが、このルアーの第一印象でした。しかし桧原湖に釣行した際に、うちの兄が超高速引きでナイスサイズを連発していたことで気付いたんですね。このルアーはただ巻きで使えば生きるんだと……。ギア比９とか10の超ハイギアのリールとの組み合わせがベストです。ボイルは起こるけどルアーには反応してくれない、というようなときにいい働きをしてくれますよ

ハイパーイングリー（ティムコ）

これは、もう、グラビンバズですよ。まあ、ゲーリーグラブでいいっちゃいいんですが、あまりにゲーリーグラブばっかり担ぎ出し過ぎてるので、あえて外したチョイスにしてみました（笑）。特徴的な形状のテールはゲーリーグラブに比べると厚め＆硬めの設定で、サウンド、飛沫共に、ハイアピール。フックのホールド性も高く、カバー周りでの使用でもストレスが少ないのがいいですよね。どこでも釣れますが、とくに霞ヶ浦などのマッディーレイクでの使用がオススメです！

12th LOVE!

シングルフック・フロッグに首ったけ

カバー攻略に欠かせない存在のフロッグ。そんな中でも、普段使っているタックルで気軽に扱うことが出来るのがシングルフック・フロッグの魅力。日本のバス釣り事情にもマッチするシングルフック・フロッグに要注目。

専用タックルを組まなくても使えるのが魅力

近年、日本のバスフィッシングシーンにおいても完全に定着したフロッグゲームですが、その昔は、一部の好き者によるマニアックな釣りという認識だったように思います。

というのも、当時の雑誌などの影響もあり、「フロッグ＝雷魚＝黒のノースリーブに迷彩パンツの無頼漢」というイメージが強かったことも影響していたんじゃないかと思うんですが、ベテランアングラーの皆様、いかがでしょう？

自分自身、雷魚ゲームも好きだったこともあり、早い段階からバスフィッシングにフロッグを取り入れてきました。しかし、そこはあくまでも雷魚ゲームの延長線。テクニック的にもタックルに関しても、今のようなしっかりとした理論が確立されておらず、雷魚タックルやジグ用のヘビータックルの流用で、微妙に「何か違うんだよなぁ……」というような感覚で手探りしていた記憶があります。

当時、グラビンバズの虜だった自分は、いつでもどこでも水面をピロピロ。馬鹿のひとつ覚えで、グラビンバズばかり投げていました。

とくに、みんながビビってあまり投げない浮草やゴミ溜りの上を引いてくるとよく釣れたのですが、テールが草にへばりついたり、フックがずれたりして、ストレスを感じることも少なくありませんでした。

そんななか出会ったのが、グラブと同じツインテールが装着されたマンズのシングルフック・フロッグ。

さすがフロッグだけあって、カバー周りでの使用はストレスフリー。グラビンバズ的なイージーな釣りで、多くの釣果をもたらしてくれました。

とは言え、使い始めた当初は苦戦の連続。なにせ、標準装備のフックがショボかった……。

そして、自分にとってのフロッグは雷魚の延長なので、釣り方もタックルバランスもまったく合っていなかったんですね。

でもあるとき、「シングルフックのフロッグって、ワームのノーシンカーの釣りに近いんじゃないの？」と閃いてから、いろいろとつじつまが合うようになりました。

そもそも、シングルフック・フロッグは、どちらかと言えばライトカバー向きのモノが多いわけで、専用のフロッグタックルじゃなくて、普段オカッパリなんかでメインになるようなM〜MHクラスのタックルのほうがマッチ

魅惑のヤジロベエ・アクションは放置が釣れる

バシリスキー（デプス）

ただ巻きでクローラーベイトのように扱えるというイージーさ、M～MHクラスのロッドでも掛けられちゃうフッキングのよさを備え、カバー周りからオープンウォーターまで高次元に対応してくれるルアー。フロッグフィッシングって、テクニカルな要素が多い釣りですが、初心者でも扱いやすく、よく釣れるのがいいですね。ちなみに、水面放置でヤジロベエのように動いてるときがメチャ釣れるので、ステイ時間を少し多めに取るのがオススメですよ！

キッカーフロッグ（エバーグリーン）

シングルフック・フロッグの王道中の王道。自分自身、どれだけお世話になったかわからないくらい多くのバスを釣らせてもらってます。ガチガチのフロッグタックルでなくても扱いやすく、フッキング性能も秀逸。水平な浮き姿勢でロッドワークに対する追従性も高く、イージーにキレのよいドッグウオークを演出できます。個体の当たりハズレも少なく、パッケージから出してすぐに使えるというのも評価すべき点だと思います

する場面も多い。

言うなれば、ガッチガチのフロッグタックルではなく、カバー周りでヤマセンコーやイカなんかを扱うようなタックルセッティング（当時はヤマセンコーもイカもなかったので、ジャンボグラブ想定でしたが……）。

フッキングも、瞬発的な即アワセではなく、ロッドのトルクを生かして、スイープかつ力強くハリ先を刺し込んで行く感覚。

そんなイメージを持って使うようになってから、飛躍的に釣果が伸びるようになったんです。

もちろん、ヘビーカバーでも充分使えるんですが、これまでいろいろやりこんでみてわかったのは、カバーの濃さが増すほどにダブルフックのフロッグのほうがメリットが多くなるということ。

あくまでもワタクシの理論なんですが、シングルフックのフロッグが生きるのは、「カバー際にタイトにトップウォータープラグを撃ち込みたいけど、根がかるのが嫌だなぁ」とか、「カバー自体は少ないんだけど、あの障害物にルアーを当てて行きたいんだよなぁ」的な状況だと思うわけで、「ノーシンカーワーム的な使い心地でスナッグレス性の高いトップウォータールアー」という感覚です。「トード系のワームでいいじゃん？」っていうのはナシで（笑）。ワームはやっぱり沈んじゃうので、水面でステイさせたり、首を振らせたりということはできないですから。

そんな感じで、自分の釣りの幅を広げてくれた、素晴らしきシングルフック・フロッグたちをご紹介させていただきます。

フロッグ専用タックルじゃなくても使えるものも多いので、少ない本数のタックルで釣りをまかなうことが多いオカッパリアングラーの皆さんにもオススメのルアーたちです。

フロッグのタックルというとガチガチのヘビータックルというイメージが強いが、シングルフック・フロッグは、M～MHクラスのロッドで扱えるものも多い。携行できるタックル本数が限られるオカッパリなどでは、大きなメリットとなる。また、フロッグ＝PEというのが一般的なラインチョイスだが、シングルフックゆえの貫通性能の高さで、伸びがあるフロロやナイロンでもフッキングを決めることができる

MFフラッパー（ビバ）

ライトカバーやオープンウォーターが得意なノイジー系フロッグ。ただ巻きはもちろん、ここぞという場所で首を振らせてもよく釣れます。色物視されがちな存在ですが、パーツのセッティングだったり、フックポイントの向きだったり、細かいところまでしっかり考えて作られてますね。カップが邪魔をしてフッキングが悪いという意見も聞きますが、即アワセではなく、スイープなフッキングならちゃんと掛かりますよ

マッジーフロッグ（ビバ）

独自のウォーターイン構造を備え、“フロッグは浮くもの”という固定概念を突き破った、異色のシンキング・フロッグ。ヒシモの上をタダ巻きで引いて、そのエンドやポケットで落として食わす。それって、まさに、グラビンバズやトード系ワームの釣り。そう、これは、フックがずれにくくカバーに貼り付かない、ストレスフリーなグラブなんです（笑）。カタログ落ちしたっぽいんですが、願わくば、もう少しパワーの強いテールをまとって復活してほしい！

カバーシケーダ（フィッシュアロー）

これはシングルフック・フロッグというか……セミ。実を言うと、よく似たルアーはいくつかあるんですが、そのなかでも１番使いやすくてフッキング性能が高いと思うのがこれなんです。35㎜、45㎜、55㎜の３サイズがありますが、個人的には45㎜のモデルがバランスがいいと思いますね。Ｍクラスのベイトロッドにナイロンやフロロでも使いやすいです。羽にクセがつきやすいので保管に気を遣わなければなりませんが、その点を差し引いても、よく釣れるルアーです

ドリッピー（O.S.P）

ポップな見た目に、モッチリ軟らかな肉厚ボディー。スナッグレス性とフッキングのよさが上手く両立され、とても扱いやすいです。集中力の切れやすい子どもたちも飽きずに投げ続けてくれるというのは、いいルアーである証拠だと思いますね。もちろん、Ｍ～MHクラスのロッドでOK

カプリスボム（Nダムルアーズ）

敬愛する故・楠ノ瀬直樹氏作のありがたき一品。いろいろな意味で粗いバスブーム時代の製品にもかかわらず、シーリングなどを行なわなくても使えるくらいの高精度な作りは素晴らしい！　運動性能、障害物回避性能ともに高いんですが、強靭極太なフックはXH以上のタックルじゃないとフッキングが難しくて、「これ、シングルフックの意味、あんまりないかも？」とか思ったり……。むしろ、あえてイージーにフッキングできなくしているところが、ナオキっぽくて最高（笑）！

ポトフ（スミス）

キッカーフロッグと並ぶ、自分的シングルフック・フロッグの主軸。オリジナル、ベビー、タイニーの3サイズ展開で、いずれも、チューニングなしで使える完成度の高さと、フッキングのよさが魅力です。テールが重めで立ち気味の浮き姿勢なので、ヒシモや浮きゴミの上などで、しっかりと水を叩いて引いてきたいときなどに使うことが多いですね。カバーが濃い状況では、標準装備のスピンテールをニッパなどでカットすることもあります

ケロボーイ改（ヤバイブランド）

可愛くてよく釣れるケロボーイ・シリーズ。写真のケロボーイ改は、シリコンラバーによる移動距離の少なさと首振りのしやすさが持ち味。ベイトタックルはもちろん、パワーフィネス系のスピニングでも操作可能で、個人的には、カエルというより少し大きめの虫という感覚で使います。ワーム用のオフセットフックを使用しているので、ハリがなまってきたら交換できるというのもいいですよね。大好きなルアーなんですが、入手困難なのが悩みです……

THE FROG（MANNS）　見た目がイケてる。それだけで尊い

マンズのフロッグは目が素敵！ということで、もともとフロッグはマンズ派のワタクシ。シングルフック・フロッグのメリットに気付くキッカケを与えてくれたのも、愛しのマンズちゃんでした。とは言え、フックもショボく、タックルバランスも悪く、その有効性に気付いたのは、使い始めてだいぶ経ってからなんですけどね……。同じシェイプでダブルフックのモデルもあったので、その使い分けを学ぶことができたのも、自分の釣り人生において大きな意味がありました。今はボックスの中で隠居中ですが、またこいつで釣りたいですね！

芦ノ湖など、ワーム禁止レイクのオーバーハングや浮き桟橋攻略には、
スキッピングしやすくて虫ルアー的にも使えるコンパクトサイズのシングルフック・フロッグが大活躍

13th LOVE!

ギルがいなくても、なギル系ワーム

近年のビッグバスハンティングを語る上で外せない存在のギル系ワーム。ギルパターンが炸裂する時期はもちろん、それ以外のシチュエーションでも活躍してくれる、有能なギル系ワームたちがコチラ！

効いているのはシルエット？水押し？アクション？

ギル系ワームは比較的新しいムーブメントのような気がしますが、記憶を辿ると、ブルーギルのようなフラット&ワイドボディー形状のワームというのは、かなり昔から存在していました。

少なくとも、今から30年くらい前に見たバスプロショップやキャベラスのカタログには、不細工なブルーギルっぽい形のワームがいくつか載っていた記憶があります。しかし、それらのワームは、見た目もお粗末で、機能性のかけらも感じられず、わざわざ取り寄せて使うほどの魅力は感じませんでした。

それから時が流れ、アメリカではスイートビーバーがトーナメントシーンを席捲、日本では琵琶湖のギルパターンでスタッガーワイドやブルフラットがブレイクし、フラット&ワイドボディーのギル系ワームというひとつのジャンルが確たるものとなりました。それらの多くは、昔のお粗末な平べったいワーム達とは違い、見た目を似せるだけでなく、アクション的なギミックなども盛り込まれた機能的なルアーたちです。

そのなかには、ギルネストパターンに効くとされるスパイラルフォールを売りにしたものも多かったりするんですが……、ここでワタシは問いたい。

スパイラルフォールが効くのなら、かつて流行ったチューブワームのジグヘッドリグじゃ駄目なんでしょうか？

ブルフラットやスタッガーワイドがない時代、「ギルを食ってるバスにはコレが効く！」的な感じで、ブルーギル

琵琶湖北湖東岸エリアにて、ギルボーンのダウンショットリグでサクッと53㎝。春のギル系ワームは来ればデカい!!

カラー（スモーク／ブラック＆ブルー＆ゴールドフレーク的なやつ）のグラブやカーリーテールなんかをオススメしてたプロは、みんな嘘つきだったんですか？

いやいや、きっと、そんなことはないですよね。みんなその時点では、ベストの方法を模索しているわけですから、それもひとつの答えです。

逆に、自分自身では、ギル系ワームはギルパターンのバスを釣るためだけのものではないと考えています。

たとえば、ブルフラットのスキッピングしやすさはカバー攻略でも強い武器になるし、ノマセギルの高浮力は表層の虫パターン（蝶々食い）なんかにも応用できます。フリップギルのバウバウ（ネコリグ）やベローズギルなんかは、他のルアーでは出せない無二のアクションで数々の難局を救ってくれました。

そのように、機能面にフォーカスして適材適所で使い方をアレンジすることで、ギルパターン以外の場面でもルアーパワーを発揮してくれるということを、身をもって体感しています。

ということで、ワタクシオススメのギル系ワームを御紹介させて頂きたいと思います。ブルーギルのいるフィールドでも、いないフィールドでも使える、ルアーパワーを備えたルアーを選んでみましたので（一部思い入れ枠ありですが）、参考にしてみて下さいね。

ブルフラット（デプス）

日本のバスフィッシングシーンにギル系ワームを完全定着させた立役者。しかも、ブルーギルがメインベイトとならないような場所でも圧巻の釣果を生み出すのが、ブルフラットのすごい所。サイズ展開が多いルアーだと当たりハズレがあったりするものですが、ブルフラットは、どのサイズもすこぶる優秀。個人的なお気に入りは、3.8inのテキサスリグ・カバー撃ち。スリ抜けも意外とよく、スキッピングもイージーにできるので、初・中級者のカバー撃ち教材としても超絶オススメです！

「ギル系ワームをひとつだけ選べ」と言われたらコレ！

ギルボーン（霞デザイン）

ブルーギルがミミズをくわえたという独自発想の形状。オフセットフック使用時でもフッキング性能を犠牲にせず起立姿勢をキープできるというのは、ほかのギル系ワームにはない持ち味。想像どおり、スポーニング期に脅威的な強さを見せるんですが、その奇抜な見た目からリグるのに心理的ハードルがあるのか、ブレイクしきれない感が……。ヘビダンや直リグ、ネコなんかでいい仕事するんですけどね。実力の割に正統評価されていないのが悔しいルアーです

ペスキーパーチ（バスプロショップス）

ブルフラット等よりもはるか前に存在した、アメリカ生まれのギル系ワーム。国産のギル系ワームの選択肢が少ない時代に、いい夢を見させていただきました。名前から察するに、厳密にはパーチを模しているんでしょうが、まあ、広義にギル系ということでいいんじゃないでしょうか。塩入りマテリアルで重量もあり、ノーシンカーでも使えちゃうと思いきや……そこはさすがアメリカン。見た目先行で単体でのアクションは全然イケてない。でも、直リグやウェイテッドフック使用ではよく釣れましたよ

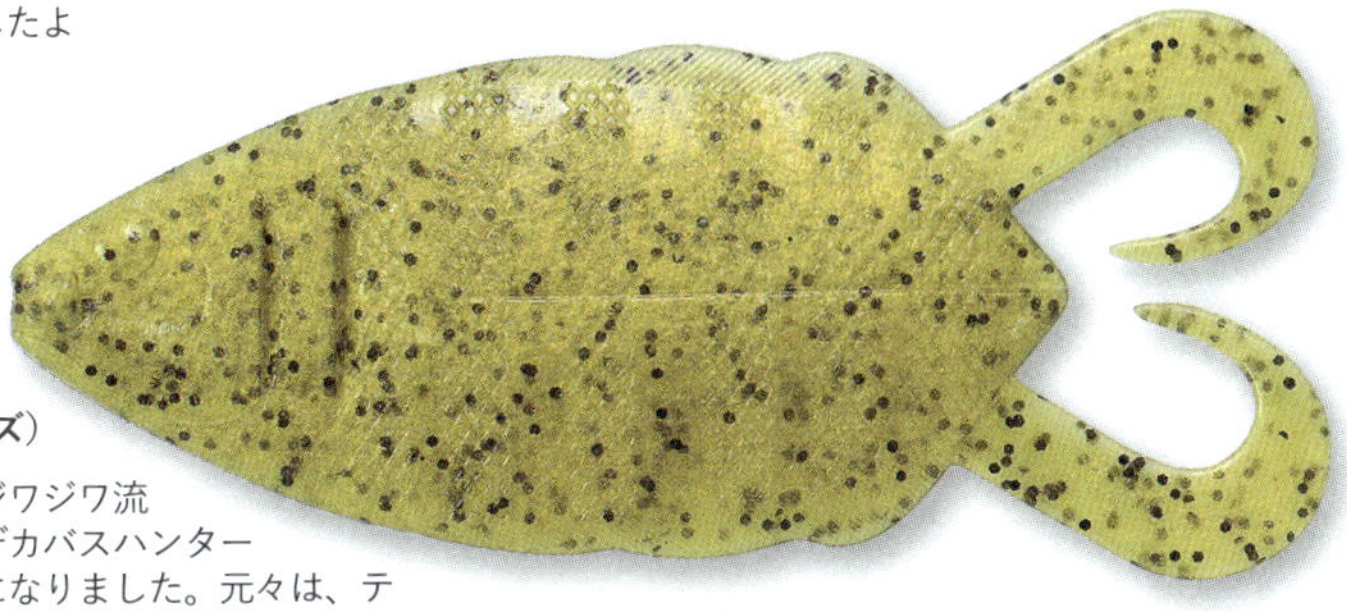

フリップギル（ノリーズ）

房総リザーバー界隈からジワジワ流行り始め、今では全国のデカバスハンターが愛用する定番アイテムになりました。元々は、テキサスやジグトレーラーなど、“撃ち物や底物の具”的な感じでしたが、今では、チャターのトレーラーやネコリグなど、幅広い使い方が確立され、素晴らしい釣果が出ていますよね。自分自身、伊藤巧プロ言うところの“バウバウ”なるネコリグ・セッティングを初めて試したときには、ド級の釣果に衝撃を受けました。3サイズありますが、個人的には5inが好きですね

ギル系? ホッグ系? 野暮な詮索御無用の激釣ワーム

ファイボス (ジャッカル)

フラットボディーにバルキーなパーツをまとった、ギル系とホッグ系の合いの子的ルアー。ボディーパーツで水を押し、濁りのなかでもしっかりアピール出来るので、フラット形状の一般的なギル系ワームではパワー不足を感じる場面で活躍してくれます。ブルフラットとエスケープツインが合体したら最強だろうな〜、と思っていた自分的には、まさに直球ド真ん中。言うなれば、プラスアルファのパワーを持つ、ネクストジェネレーションなギル系ワームという認識

ビバギル (ビバ)

失礼を承知で言わせてもらうと、このルアーが出たとき、ある種のパチ物的な匂いを感じた人は自分だけじゃないはず。でも、そのイメージはいい意味で裏切られました。アクションや波動的なところもさることながら、ボディーマテリアルがしっかりしていてフックがズレにくく、リブのおかげでブッシュや冠水植物などに貼り付きづらい。すなわち、カバーやウィードにガンガン撃って行ける！　ボディーが薄く、フックポイントが露わになりやすいギル系ワームの中で、それは特筆すべき優位性。

スキッピングのしやすさも◎です！

ギルフラット (一誠)

海外メジャーメーカーも真似するほどの超人気&激釣ワーム。自分の周りでも多くのファンがいますが、皆が口を揃えて言うのが､「使い方が簡単で、よく釣れる」ということ。でも、それって、メーカー動画などを繰り返し観ているアングラー側の理解度が高いからじゃないの〜? と半ば懐疑的に見ていたんですが、実際に使ってビックリ。適当にリグって放置しておくだけで釣れる！　まさに圧倒的なルアーパワー。よく似た後発品も試してみましたが、そちらはイマイチ。オリジナル・イズ・ジャスティス！

スタッガーワイド (ハイドアップ)

ジャパニーズ・ギル系ワームの礎とも言える、不朽の名作。初見だとアンバランスに見えるボディー&パーツ形状も、それぞれに意味があって、唯一無二のアクションを生み出しています。ジグトレーラーやテキサスリグ、ヘビダンなどで使われることが多いと思うんですが、個人的には、キャロ（スイミング、ズル引き）で使うのがお気に入り。S字系ルアーのようなグライドアクションがバスを魅了するのか、これが本当によく釣れるんです。ギルの少ないフィールドでも効くので試してみて下さい

パーシモンソフト（ヴァガボンド）

今から10年以上前、琵琶湖ギルパターン全盛期に生まれたリアルシェイプのギル系ワーム。リアル系ハンドメイドルアーでお馴染みのヴァガボンド製ということで、とても精巧な作りが印象的。アクションも素晴らしく、ハドルトラウト的なテール形状は、スイミングでの使用で威力を発揮してくれました。個人的には、ノーシンカーでグラビンバズ的に使うのが好きでしたが、フックセッティングがシビアなのが悩みでしたね。何回も刺し直して何本も無駄にしたのも、今となっては懐かしい思い出です（笑）

ウィッチフラットリアル3.3in（YGラボ）

このリアルさはヤバい。一般的にイメージするブルーギルのシェイプよりも細身な感じはありますが、このくらいのサイズのブルーギルって細身な個体も多いので、あまり大きな違和感はありません。水を受け流す形状で自発的な動きの少ないルアーなので、I字的な使い方も得意。ノンソルトタイプなので、ジグヘッドやネコではボトムで自立させやすいですし、ピクピクやヨコヨコなどの表層使いでもいい仕事をしてくれます。ブルーギルがメインベイトとなるクリアレイクではこの上ない武器になってくれます

ノマセギル（デュオ）

高耐久＆高浮力のエラストマー素材を使用。ウエイト入りのオリジナルモデルと、ノンウエイトの２タイプありますが、個人的には、ノンウエイトタイプのほうを多用します。エラストマー素材ゆえにオフセットフックの使用は難しいですが、マス針を使用した普通のワームと同じリグでの使用が可能。浮力が高いため、ボトムで立たせるような使い方も容易で、ピクピクなどの表層使いでも扱いやすいです。普通のワームのように壊れることもないし、根掛かっても浮いて回収できるので、コスパも抜群です

ベローズギル（ジークラック）

特徴的な全身リブ形状は、人にもバスにもインパクト大。一時、琵琶湖辺りで大ブレイクしたのも、記憶に新しいですね。深いリブでしっかりと水を噛み、うねるようなアクションでバイトを誘いますが、水を逃がす形状ではないので、基本的にスパイラルフォールはしません。このルアーもまた、果てしないルアーパワーを持つルアー。ブルーギルがメインベイトでないフィールドでもよく釣れるんです。直リグやヘビダンなどで、マッディレイクのカバー撃ちなんかで使うのもオススメですよ

14th LOVE!

私的プロペラ遍歴

プロペラによるサウンド、引き波、フラッシングなど、多彩なアピールでバスを魅了するプロップベイトは、いまや、現代的バスフィッシングの必須ルアーとも言える存在。あなた好みのプロップベイトはどれ？

外してみるとペラは個性的

数あるルアーカテゴリーのなかでもトップウォーターが一番好き！ という人は多いと思います。自分もそのひとり。かつて霞ヶ浦のほとりに住んでいたとき、ハイシーズンのプライベートの釣りではほぼトップウォーターしか投げなかったくらい。そのなかでもプロップベイト（このページでは、便宜上、スイッシャーもウェイクベイトも、プロペラの付いたルアーを総称してプロップベイトと呼ぶことにします。ただし、ステルスペッパーなどのシンキング・プロップベイトは除きます）がとくに大好きで、NOI-Zというルアーまで作ってしまいました。

名前のとおり、プロペラが付いているのがプロップベイトの特徴なんですが、じゃあ、プロペラの持つ意味は？ というと、波紋や飛沫を出すため、サウンドを出すため、可動部を増やしてアクションを複雑にするためとさまざまですが、見過ごされがちなのが「ブレーキとなってルアーの動きを制御する」という点。

たとえば、同じペンシルベイトのボディーで、プロペラがないもの、プロペラを付けたものがあると想像してみてください。プロペラのない普通のペンシルベイトはルアーを動かす際にボディが水面をスライドしますが、プロペラの付いたものは、プロペラがブレーキになり水面をスライドしづらくなります。ということは、1点をネチッとねらいたいようなときには、プロペラの付いたルアーのほうがその場を離れずにアピールし続けることができるということ。ただ巻きなどで広範囲を

ズボっと入れて、ネチネチと誘え！

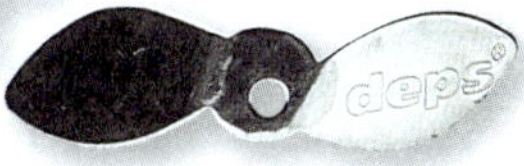

エキスパート（B.P. Bait）

これだけの大きさゆえ、プロペラ自体の重さはあるものの、スローに引いても軽快に回転してくれるのが特徴。霞ヶ浦などのマッディーウォーターでも激しく効くカラカラと響くハイアピールなサウンドも持ち味のひとつ。色々なルアーに移植してみたけれど、それなりの大きさのボディーじゃないとプロペラの動きもボディーの動きもダメになってしまうため、どんなルアーにも使えるわけではないという検証結果となっております

バズジェット（デプス）

中心軸（穴）がセンターからオフセットされているのが、バズジェットのプロペラの最大の特徴。このセッティングにより不均等で複雑な引き波とサウンドを発生させることで、他のプロップベイトと異質なアピール力を発揮することができます。中心軸に穴のあるものに比べると多少回転が鈍くなる傾向があるので、泳ぎにパワーのあるルアーとのマッチングがいいペラです

ねらうような場合も、よりスローに引くことができるということです。

また、フロントかリアの一方のみにプロペラが付いているものはプロペラのある側（すなわち、ブレーキのかかる側）を支点としてルアーの頭（もしくはテール）を振らせることができますが、フロント、リアの両方にプロペラの付いているものは首を振らせづらくなる半面、直進性が向上するということがいえます。

プロップベイトというと、そのサウンドや波動などがクローズアップされることが多いですが、装着されている位置や、プロペラがアクションに及ぼす影響などまで含めて考えると、よりハイレベルなプロップベイトゲームの構築が可能になると思います。

自分が使ってきたプロップベイトのなかでも、印象に残ったもののプロペラにフォーカスして写真で紹介させていただきました。ビバ、プロペラ!!

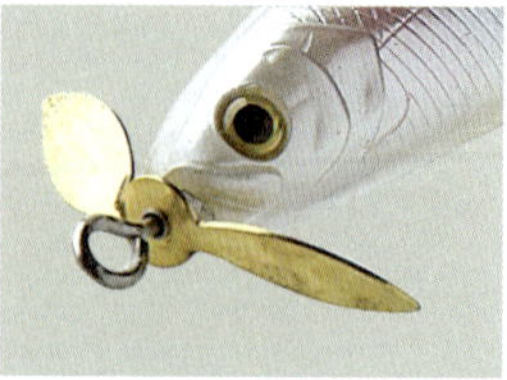

ロット BT122 ツイスト
(イマカツ)

このプロペラ、何と言っても、デビルプロップというネーミングがイカす。アクション自体の強いルアーなので、ただ巻きでも軽快に回っている印象があるけれど、他のルアーに移植してみたりした感じでは、軽快というよりもトルク感があるという感じ。エンドの部分が微妙に曲げられていることによって生まれる小さな飛沫と、持ち前の「ジャッ、ジャッ」という、強烈なスウィッシュ音を生かし、ジャーキングなどで使うのもいい感じです

スプラッシュテール(ラッキークラフト)

ベアリング内臓という唯一無二の凄いプロペラ。ベアリングによる効果で一般的なプロペラよりも波や風に左右されることが少ないので、ステイさせているときですら軽快な回転を発生させることができます。とはいえ回転して欲しくないときも回ってしまう可能性があるので、使いどころは重要かも？　また、腐食したり汚れが詰まってしまったりすると途端に回転しなくなってしまうのが注意点

プロップベイト本山バージョン(スミス)

このルアーに搭載されているWPB可変プロップは、高回転型ペラのひとつの完成形。同じボディーを持つL&S社5Mのオリジナルモデルと比べると、その差は歴然。デッドスロー引きでも回転数を落とさず回り続けるのは、すごいとしか言いようがない……。かつて、このプロペラだけ、いくつかゲットできたことがあって、色んなルアーにセットしてみましたが、どのルアーでもあの回転が出るわけじゃないんですね。喫水とボディーが生む水の流れがこのペラにとっては非常に重要なファクターなんです

HOOKER(B.P. Bait)

このプロペラ最大の特徴は独自の三角穴が生み出す軽快なサウンド。プロペラ単体で見ると、決して高回転を意識したような形状ではないですが、適度にルーズなセッティングにより、重さのわりに軽快な回転を生み出してくれます。カラカラとスローに巻いてくるだけで異常に釣れてしまうこのルアーは、自分的マスターピースのひとつ。ちなみに、NOI-Zのプロペラの六角形穴はこのプロペラからのインスパイア

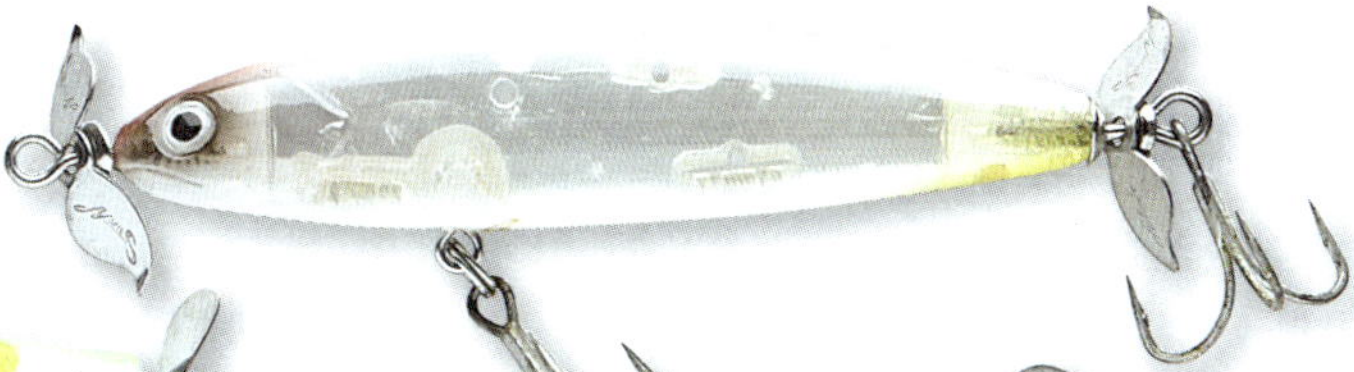

カップラップ
（ジャッカル）

特筆すべき点は、プロペラ単体というよりも、ジョイント式のプロペラシステム。ただでさえ多動なプロペラの回転に、ジョイント部の動きも加わることで、より複雑なアクションを生むことができるというのは画期的。このシステムをほかのルアーに移植することはできないので、色々試せないのが残念だけど、ただ巻きでの使用はもちろん、ストップ＆ゴーで使ったり、首を振らせたりする際に、このシステムの真価が発揮されると感じています

ビハドウ（ノリーズ）

弱波動系プロペラの秀作。チリチリと小気味いい回転は、クリアレイクやタフコンディションでの強い味方。使いどころは本山プロップと似ているけど、こちらのほうがより弱波動な印象。基本はボディーの水流を生かし、プロペラが主張する部分は、エンドの部分の曲げにより発生する波紋くらい。他のルアーに移植してみたけど、ボディー形状とのマッチングが悪いと、まったく仕事をしてくれないことも……

3DBプロップ
（YO-ZURI）

軽量で丈夫なポリカーボネイト製UVプロップ。使った印象はとにかく軽快。スローに引いてもよく回り、また、その回転速度も速い。強度的にも頑丈で、ぶつけたりしても変形や破損しづらいのも特筆すべき点。ネーミングにUVと付いているとおり、紫外線発光の素材を用いており既存の金属製プロペラやプラスチック製プロペラにはないアピール力を備えています

NOI-Z（デュエル）

色々なペラものルアーを使ってきて自分的に導き出した「釣れるプロペラ」がコレ。回転性能を上げるために薄型で軽量な素材を使用。細かでピッチの高いクリック音を発生させるための六角穴。小さな飛沫を飛ばすために、エッジの折り曲げ角にもこだわってます。他メーカー、インディーズブランドの方から、このプロペラだけで売って欲しいと頼まれたこともあるんですよ。でも、プロペラ単体だけじゃなくて、ルアー本体とのセッティングがすごく重要なので、どんなルアーでもこのプロペラを付ければいいかと言えば、そういうわけではないんです……

ニンジャ監修の歴史的傑作（自称）

15th LOVE!

やっぱり琵琶湖はジグで釣りたい！

近年の著しいハイプレッシャー化や新しいリグの登場により、微妙に存在感が薄くなってきている感のあるラバージグ。ラバージグは釣れなくなったのか？答えは否！　ラバージグのこと、ちょっと見直してみませんか？

その威力は色あせない

ラバージグって、本場アメリカのトーナメントなどではジグしか使わないアングラーもいるほどの釣果至上主義ルアーなんですが、オカッパリ文化が根付き、ハイプレッシャーが進む我が国においては、「スモラバ以外には馴染みが無い」という方も多くいらっしゃるようです。たしかに、近年の日本のフィールド事情を考えると、よりフィネスな方向にいってしまうのは仕方ないかもしれません。

リーダーレスダウンショットリグなどの登場により、これまでラバージグの独壇場とも言えた場面での出番を失っているという現状もありますが、その機能性やビッグフィッシュ率の高さなど、ラバージグならではの持ち味が色褪せたわけではありません。

　ワタクシも琵琶湖・北湖をホームとして5年目ですが、最近改めてラバージグのパワーを再確認しています。琵琶湖の釣りをサンプルにして、今一度、ラバージグの釣りを見直してみましょう！　もちろん全国のフィールドで有効な使用法なのでご安心を！

ホールショットジグ（ZPI）＋
ブルフラット3.8in（デプス）

はかなく散った時代の仇花にして俺的永遠の一軍。ガードもしっかりしていて、カバー撃ちでのストレスがないのが素晴らしい。チャンク系などのフラットシェイプのワームやポークと組み合わせた時のフォール姿勢が素敵なんですね。手持ちが少ないので、大事に使ってます

悪路ジグ（カルティバ）＋
ダブルモーション3.6in（エバーグリーン）

その名のとおり抜群にスリ抜けがよく、カバー周りで扱いやすいジグです。使用感がホールショットジグにちょっと似ていて気に入ってます。お店によっては500円以下の価格で販売されていて、コスパも高い。ジグ初心者にもオススメです！

①カバージグ

ラバージグと聞いて多くの人がイメージするのがシャローのカバー撃ち。琵琶湖においても、南湖の人工島のインサイドや野洲川河口など、カバーゲームのメッカ的なスポットはいくつも存在し、よほどの厳冬期を除けば、誰かしらビッグフィッシュをねらってカバーを撃っている光景に遭遇します。

　かつて京都に部屋を借りて南湖をメインに釣行していた時期がありますが、その当時もカバージグは多くのビッグフィッシュを連れて来てくれました。そして現在、以前に比べて釣れなくなったかと言われると、そんなことはありません。

　スポーニングを控えた春先のシャローや、日陰を求めてバスが集結する真夏のヒシモエリアなど、カバージグが効く場面はまだまだ確実に存在します。北湖となると、シャローカバーの釣りが輝ける場所というのはそれほど多くなく、代わりに主軸となってくるのがエビモやササバモなど、背丈の高いウイードパッチの釣り。

水面を覆いつくして日陰を作り出すカバーは、表水温30度を超えるような真夏の定番スポット。沖の釣りを重視する人が多い琵琶湖では意外に撃つ人が少ないが、きちんと撃てばご覧の通り。落ちパクでコンッ！　は、まさにカバージグの醍醐味

2023年に行なわれたワイルドカードで優勝したときにねらったのは、まさにそのような場所。水深2mより浅いシャローのウイードパッチからショボい沈み物、ちょっとした地形変化まで、目についたものを片っ端から撃ちまくりました。

　そのときは意図がありテキサスリグで攻めましたが、その後の復習フィッシングでは、カバージグを撃ってバッチリ釣果を叩き出すことが出来ました。

　最近では、以前カバージグで攻めていたような場所も、テキサスリグやリーダーレスダウンショットリグなどで攻めるケースが多いのが実情だと思います。自分自身もそうなんですが、カバージグのビッグフィッシュ率の高さと、あの明確なコツっというバイトを即掛けでフッキングする快感は、何物にも代えがたいものがあります。

　テキサスリグやリーダーレスダウンショットリグなどに比べると、多少カバーへの入れにくさや根掛かりは増えるかもしれませんが、逆に、そのスタック感を生かして、より丁寧に攻めることが出来るのが、カバージグの持ち味。ぜひ、今一度カバーにフルサイズジグを入れてみてください。

自作ジグ（コブラ27／がまかつ）＋
ダブルテールグラブ
（ゲーリーインターナショナル）

カバージグの釣りを猛烈特訓していた時代に多用していたのがコレ。市販のジグヘッドにラバーを手巻きしただけなんですが、既製品の半分以下のコストで製作可能。トレーラーはズームのグラブも安くてお気に入りでしたね

ベイトフィネスジグ（ティムコ）＋
ベビーブラッシュホッグ（ZBC）

ボトムでもカバーでも扱いやすいジョイントタイプのラバージグ。意外にもカバーの貫通力が高く、太軸のフックに交換することで、濃い目のカバーでも突っ込んでいけるヘビーデューティー・ジグに変身します。ハリ先が死んだら新しいフックに交換できるのも素敵です

②スイムジグ

スイムジグは、現在の琵琶湖における必須メソッドとも言える釣りのひとつ。かつて一世を風靡したスコーンリグや、ビッグカーリーテールワームのテキサスリグを用いたマキマキなども同系列の釣りだと言えますが、現在はスイミングメソッドにフォーカスしてデザインされたガード付きジグ（いわゆるスイムジグ）を用いることがほとんどです。

ウイードの切れ端などを拾う煩わしさを避け、広大なエリアを効率よく探ることができ、ライトなカバーなら撃つこともできる……。そんな使い勝手のよさが持ち味のスイムジグは、スピナーベイトなどと比べるとフィッシングプレッシャーにも強く、現在のハイプレッシャー化した琵琶湖にはうってつけの釣法だと言えるでしょう。

そんなスイムジグの出し所は、まさに「いつでも＆どこでも」なんですが、

多くのガイドも愛用する、琵琶湖必須ルアーの筆頭格

スイミングマスター（ループス）＋
スイングインパクトファット4.8in（ケイテック）

琵琶湖においてスイムジグとはコレのことを指します……というくらいの圧倒的使用率。多くのプロガイドが愛用することからも、その性能と実績の高さが伺えます。ウエイトのバリエーションも多く、シャローからディープまで幅広く対応できるのもありがたいですね

クランキンジグ（ニッチベイト）＋
パカクロー（NETBAIT）

自分が師と崇める西村嘉高プロ謹製のスイムジグ。スキッピングしやすく、根掛かり回避能力も高く、カバー周りでの使用感は最強。最近は作られていないようですが、その核となる部分はジャッカルのビークロールスイマーに継承されているので、そちらを使うのもアリかも

ハイパーフットボールジグ（デプス）＋
デスアダー6in（デプス）

今のようなガード付きのスイムジグが主流になる前、ラバージグのスイミングと言えばハイパーフットボールジグの十八番でした。スコーンリグという名で琵琶湖を席捲したのが懐かしい。デスアダーやスタッガーとの組み合わせで良い思いをした人も多いのでは？

個人的にとくに強いと感じているのが、春先のまだ水温が上がり切っていないような状況で、スポーニングに向けてシャローに差してきたバスをねらう場面。横の動きには反応するけど、クランクベイトなどの強い動きのルアーは嫌う状況でパワーを発揮してくれる印象です。

サーチベイトとして広い範囲を探るのが定石ですが、ブッシュの際やウイードのエッジ、流れの巻いている場所など、バスの定位しそうな場所を通過するように巻いてくるというのが釣果アップの秘訣。

基本的にはシャローエリア、深くても水深4m以浅を巻くスイムジグですが、北湖では3/4ozなどの重めのウエイトで水深10m前後の漁礁などを釣ることも。

バキューンと投げて沈めて巻くだけと、一見簡単そうに見える釣りですが、プレッシャーの掛かった状況では、ス

取水塔は琵琶湖における最重要デカバス・スポットのひとつ。もちろん、取水塔本体も一級なのは間違いないが、その周りをウロついているバスも多いので、初手にスイムジグでひと流しするというのは、マストな戦略。プレッシャーの掛かりやすい場所なので遠投は必須で、取水塔にダイレクトにジグが着水しないよう注意。必要以上にボートポジションを離し過ぎないことも好釣果の秘訣だ。あくまでキャストやレンジの精度が保てる範囲でアプローチする

イムレンジがバラつくことでバイトチャンスを逃すことも少なくありません。まずは一定レンジをキープして巻き続けることができるよう、水質のクリアな場所で目視しながら、ルアーごとの適正な速度感をマスターすることが重要です。魚探でウイードの背丈が均一な場所を探し、ウイードにコンタクトさせながら引いてくるというのも練習になります。ワンポイントアドバイスとして、ロッドを強く握り過ぎないことで各段にレンジキープしやすくなるので是非試してください。

③フットボールジグ

琵琶湖バスフィッシングの黎明期より、ビッグフィッシュねらいの定番としてお馴染みのフットボールジグ。

世界記録が出てしまった今となっては語られることも少なくなってしまいましたが、かつて

ハネラバのロッドワーク

着底後にロッドワークでジグを跳ね上げさせ、フォールで見せて、着底→ステイで食わせるというのがリアクションジグの基本的な流れ（もちろんリフト中やフォール中にバイトすることもあります）。ウイードエリアの場合は、確実にウイードを切るために、エギングのような鋭いシャクリが必要となるが、手首やひじに負担が掛かりやすいので、フロントグリップ、もしくはフロントグリップ付近のバット部に手を添えるのがオススメ

【番外編】こんなのもいかが？

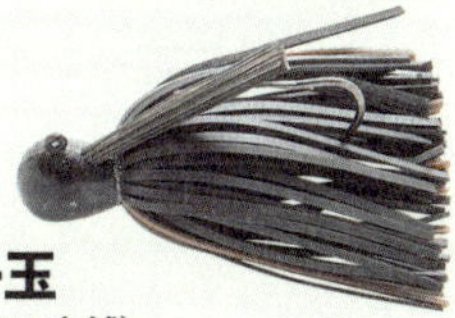

スー玉
（タックル本舗）

この本の編集担当に言わせると、私と言えばスー玉らしいんですが……、まさにその通り！　スモラバよりも大きく、フルサイズのジグよりも小さい。弱めのガードで障害物回避能力はそこまで高くないけど、その代わりにスピニングでも扱いやすい。そんな中途半端さ故に使い所も多く、沢山の魚を釣らせてくれました

ジカリグラバー（カルティバ）

リーダーレスダウンショットリグの貫通力と、ラバージグのアピール力を合体させたハイブリッド・タイプ。まさにこんなルアーが欲しかった。個人的にはカバー周りで使いたいので、フックがもう少し太軸だと良かったかな～？　と思いますが、ノーマルでも充分使えます。是非お試しを

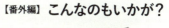

キャリラバ
（ティムコ）＋
ダブルモーション3.6in（エバーグリーン）

我々世代的に、フットボールジグと言えばやっぱりキャリラバですよ。ショートシャンクかつ外向きのフックポイントで、掛かりやすくバレにくいのが持ち味。フック自体小さめで低重心なので、コンパクトなトレーラーと組み合わせて、リアクションバイトを引き出すのがキモです

TGブロー（FACT）＋スカルピン（FACT）

比重18の高密度焼結タングステンを使用することで、比類なきフォールスピードを実現。リアクションバイト誘発能力で言えば、これ以上のものはないと言えるでしょう。それ以外にも、ボトム感知能力の高さやシルエットの小ささなど、長所だらけ。まさにフットボールジグの革命児です

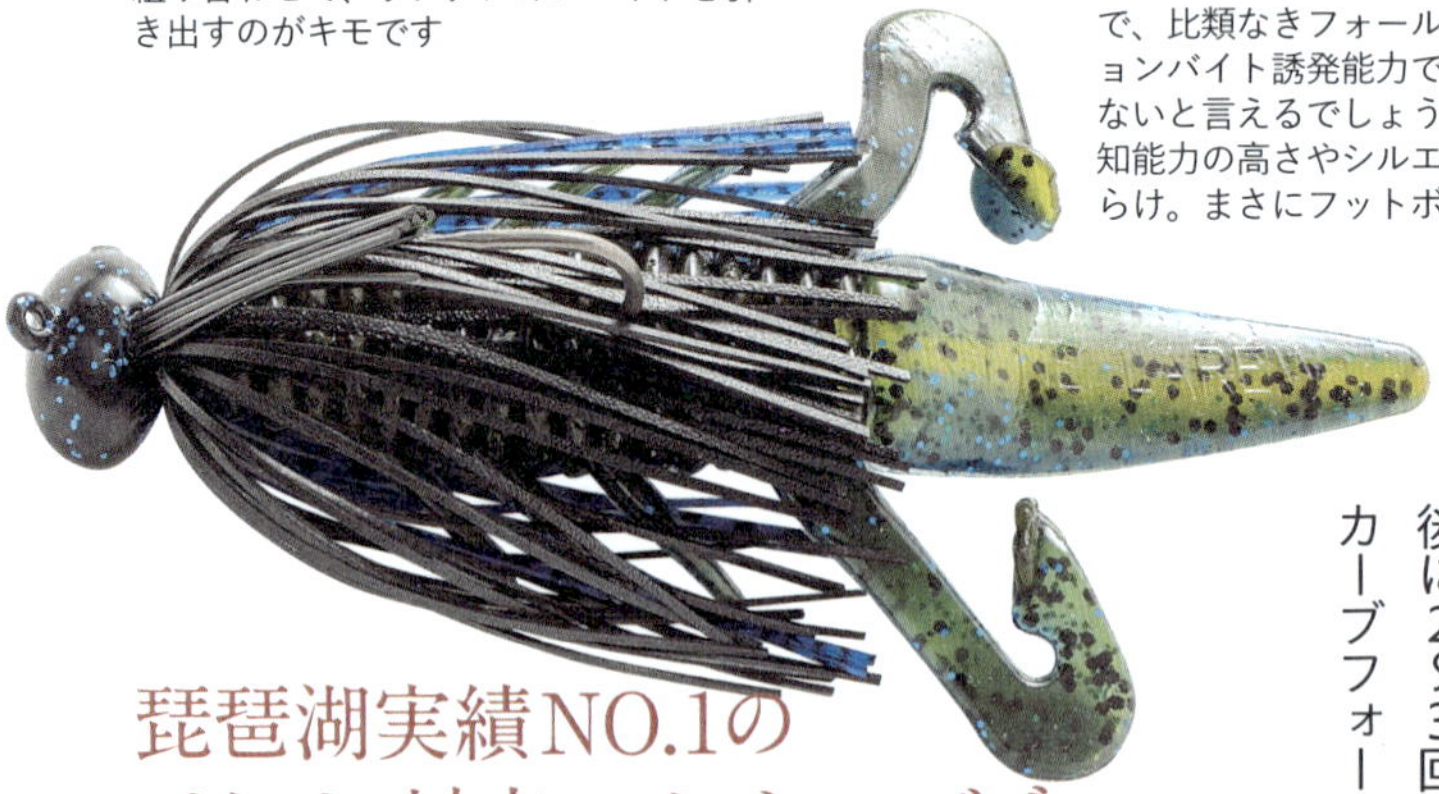

琵琶湖実績NO.1の
デカバス対応フットボールジグ

ヘッドロックジグ（デプス）＋ビッフルバグ（ジーンラルー）

対デカバス仕様だけあり、フックも頑丈。根掛かりしづらいヘッド形状で、漁礁やロックハンプでも扱いやすいです。ワームキーパーも秀逸で、今では色々なメーカーが、これと同じタイプのワームキーパーを採用していますよね。自分的に、琵琶湖使用率NO.1のフットボールジグです

伊藤純一さんというアングラーが琵琶湖で釣られた当時の日本記録、70㎝・7120gもフットボールジグによるものでした。

そのときのメソッドが、ボトム着底後に2〜3回ロッドをあおってカーブフォールさせる、言わばリアクションジグの釣り。後に琵琶湖を席捲した、跳ねラバの源流とも言えるような釣り方でした。

以前、ご本人からお話を伺ったことがあるんですが、「デカバスねらいは、ほぼフットボールジグ一択」とおっしゃってたのが、とても印象に残っています。

フットボールジグには、

- ●着底姿勢がよい
- ●ボトム感知能力に優れる
- ●操作感がリニアである
- ●程よいスタック感
- ●フッキングがよい（とくにガード無しのもの）
- ●ワーム系リグに比べ一体感があり、瞬発的でリアクション要素の強いアクションを生み出しやすい

などなど、多くの長所や持ち味があります。流行に敏感な琵琶湖アングラーにとって、フットボールジグの釣りは、今は旬ではないかもしれませんが、

水深7mの地形変化とハードボトム、ウイードが絡むゴージャスなエリア。人気場ゆえにプレッシャーも高いが、そんな中からナイスバスを連れて来てくれるのが、フットボールジグのパワー。重さを生かして、ハングオフ時のリアクションで食わせた

ウイード、浚渫、ロックエリア、漁礁など、琵琶湖にはフットボールジグが生きるシチュエーションが沢山あり、今もアツい釣果を叩き出し続けているのは事実。

私もワイルドカード琵琶湖戦のバックアップのひとつとして、水深6〜8mのブレイクに絡む背丈の低いウイードを3/4ozフットボールジグのハングオフで釣るというパターンを持っていました。ライブスコープでバスの存在は確認できるのに、まったくルアーへの反応はない。そんな状況下でもリアクションで口を使わせる釣りです。

またほかのリグで反応がない場合、フットボールジグを入れるとなぜか食う、というのは自分的あるある。理由はわかりませんが、リアクションとラバーの持つパワーの合わせ技だと信じています。オカルトっぽいですが、信じる者は何とやら。手詰まりの際は一度試してください。釣れますよ。

16th LOVE!

愛しのトレーラー

無機質なラバージグに生命を吹き込むトレーラー。
ニンジャ的ガチの一軍ラインナップをご紹介！
全部は紹介しきれないので、
今回はワーム素材のものに限定しました。

BFシュリンプ（スミス）

スモラバと組み合わせてボトムの釣りで使うことが多いです。水を押す力が強く濁っていてもよく釣れますね

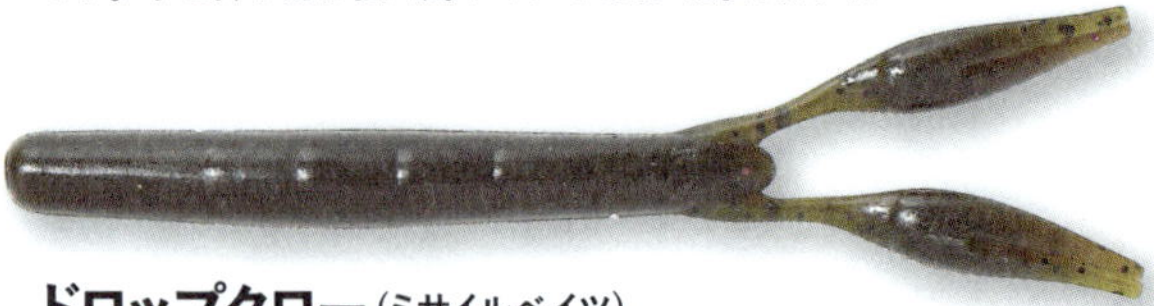

ドロップクロー（ミサイルベイツ）

頼りないルックスですが、これ、スモラバトレーラーとして使うと、超釣れるんです。ボディーは華奢ですが、ハサミの部分だけ見ると、より水押しの強くなったハンハントレーラーのテール。釣れないはずがないですよね

スプリットテールトレーラー（ZBC）

ちょっとした裏ネタということで……。トレーラー用ワームなんですが、これは自分の場合、ネコリグで使います（もちろん、トレーラーとしても使います）。これがハマったときの爆発力は尋常じゃない！

ブラッシュホッグ（ZBC）

素材が丈夫で壊れにくいところがトレーラーには最適。使用頻度も高いです。フリップでの使用がメインだけど、フットボールジグにも使う。ベビーブラッシュホッグと使い分けます

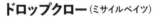

ベアクロー（ストラッグルアーツ）

もともとジグトレーラーとして開発をスタートしたのが始まり。ベロベロ動くのではなく、動き過ぎないのがキモです。キムケンがカバージグとの組み合わせで使って、琵琶湖オープンのウィニングルアー（しかも、当時のトーナメントレコード！）になったこともあるんですよ！

ニンジャ渾身のトレーラーワーム。動かないのが釣れるキモ

チュルン
という動きは、まさにゴリ

スカルピン（エバーグリーン）

ここ最近の超ヘビーローテーション。3.5inはフットボール、2.6inはフットボールヘッドのスモラバと組み合わせて使います。ベロベロ動きすぎないのと、ボトムに馴染むというのが、自分的にはツボ。極めてナチュラルな存在という認識です

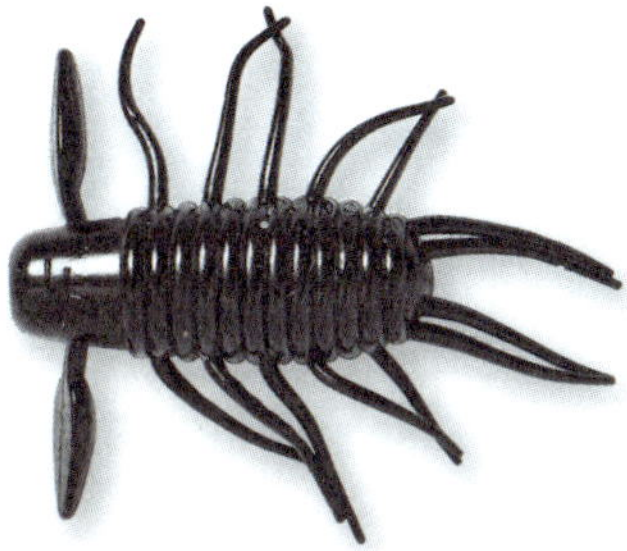

モッサ（スミス）

これは、この本を読んでくださった人だけのシークレットにして欲しいネタなんですが……（笑）。毛を全部取って、頭側（手みたいなのが付いてる方）がテール側になるよう、スモラバにセットします。使い方は、障害物に沿わせてのフォールとズル引きです。超釣れますよ！

エアークラッシュクロー（フィッシュアロー）

気泡の入った高浮力ボディで、着底時にハサミを持ち上げてアピールしてくれるというのが売りで、ボトムステイやウィードに引っ掛けるような釣りで活躍してくれました。マテリアルも丈夫で、カバージグのトレーラーとしても優秀でした（写真はレッグを取っています）

小さめお手々のパタパタがデカバスに効く!?

クラップクロー4in（デプス）

長寸の自己記録（64.5㎝）を釣ったのが、このクラップクローと1/2ozフットボールジグの組み合わせでした。そのときもそうでしたが、いわゆるハネラバ的な釣りのトレーラーとして使うことが多かったですね

ユニオンクロー
（フラッシュユニオン）

ベロベロ動きすぎないところが気に入っています。カバージグでもフットボールでも出番が多いですが、重めのウエイトのものと組み合わせることが多いですね。タフなマテリアルもイイ感じです

ベビードラゴン2 forチヌ（ジャッカル）

クロダイ用のワームなんですが、バスも超釣れます。スローな動きだとパーツ類の動きがトロいので、重めのスモラバ（3.5とか5ｇとか）を組み合わせて、スピーディーな動きを意識して使ってやるとイイ感じ

AR-Wピンテール（スミス）

ハンハントレーラー廃盤後の主力スモラバトレーラーのひとつでした。ハンハントレーラーによく似ています。使い方も基本的には同じ感じです。……が、こちらのほうが水押しなどのパワーが弱いので、よりタイトな状況やクリアウォーターに向いていると感じています

スタッガーワイドツインテール(ハイドアップ)

ガード付きジグとの組み合わせで、カバー撃ちに使用します。同じギル系ワームでも、ブルフラットがフォールメインで使用するのに対し、スイミングで食わせたいというときにはこちらがメインです。状況に合わせて、シャッドテールタイプのスタッガーワイドと使い分けます

4inグラブ・テールカット(ゲーリーインターナショナル)

スモラバ+イモグラブのコンボは、自分にとって絶対に外せない存在です。見た目の色気はありませんが、飛距離も操作性も抜群で、どんなフィールドでも通用する。スモールマウスの釣りでもよく使いますね。使い方はフォールとズル引き。簡単でよく釣れます!

MT'Sビーバー(MT'Sベイト)

自分がラバージグ初心者だったころによく使ったのが、パドルテールでした。カバージグでもフットボールでも使いやすく、多くのバスを釣らせてくれました。形状的にスキッピングもしやすかったので、カバー撃ちというと、ジグ+パドルテールのコンボばかり使ってましたね

バスグラブ(スライダー)

スモラバという言葉が生まれるもっと前、CCラウンドとかのスモールジグとバスグラブの組み合わせは、最高にフィネスで、容赦なく釣るための最終兵器的な位置付けでした。今とは状況が違いますが、真冬の霞ヶ浦水系でもかなり釣らせてもらいました

ワンナップシャッド(サワムラ)

スイミングジグのトレーラーはいろいろ使いますが、自分的なベースはワンナップシャッドですね。好みの問題というのも大きいですが、自分のリズム感に合っていて、結果的によく釣れるという感じです。サイズは、4in、5inの使用頻度が高いです

スプリットテール・ビーバー
(アングラーズチョイス)

これは、完全に、思い入れ枠。バスブームの頃の甘酸っぱいメモリーを思い出させてくれるマスターピースです。もちろん、よく釣れましたが、アングラーズチョイス、スプリットテール・ビーバー、って言いたいだけです。ごめんなさい……（笑）

T.D.ソルティーポーキー (ダイワ)

かつて、トレーラーといえばポークという時代、日本国内でいち早くワーム素材のトレーラーとして発売されたのが、このソルティーポーキーでした。……が、一部のプロの間では、本来のトレーラーとしてではなく、半分に切ってダウンショットの具として使われていたというのは知る人ぞ知る裏話です……

スイミンチャンク (ZBC)

自分的に、スモールマウスゲームにおけるフットボールのトレーラーと言えばコレ。その昔、「別に、似たワームなら何でもいいよ」と思ってたときもありましたが、野尻湖で同船した人に、スイミンチャンクでボコボコに釣られてからは、こいつ一筋です

ディープカップビーバー (メガバス)

その昔、琵琶湖で、夢のナナマル・7㎏オーバーを釣り上げた伊藤純一さんが使っていたのが、3/4ozのフットボールジグとディープカップビーバーの組み合わせ。以来、琵琶湖のビッグバスハンターの定番となりましたが、実は、自分は、それほどいい釣りをしたことがありません……（笑）

ジャバスティック (イマカツ)

各サイズ、ブレードジグやスイミングジグのトレーラーで多用します。多関節で水を逃がすため、見た目の動きに反し水押しが弱くなってしまうので、バスからルアーを視認できる場所・レンジでの使用が前提になります。シラウオなどがメインベイトとなってる場所では最強です！

デカいバスにはデカいルアー。コレ定説

ビッグエスケープツイン（ノリーズ）

絶対になくてはならないラバージグトレーラーのひとつ。基本はカバージグとの組み合わせで使いますが、琵琶湖などではフットボールと組み合わせることも。とにかく、コンディションのいい魚を選んで獲れるのが魅力

霞ヶ浦水系のオカッパリにてミニラバ＋スタッガーワイドツインテールのズル引きでキャッチ

17th LOVE!

ディープクランクの真実に迫る！

かつては経験値に頼るところの多かったディープクランクの潜行深度。「どうも、カタログスペック通りじゃないな……」と首をかしげる事も数知れず。そんなディープクランクの真実を、ライブスコープを駆使して検証してみました！

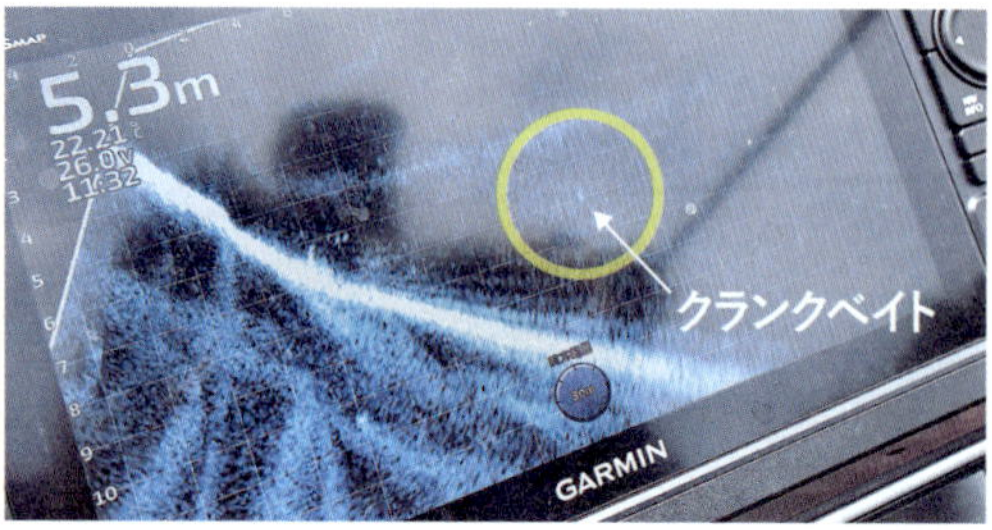

全てのルアーの潜行深度をライブスコープでチェック。ルアーごとの最大潜行深度は魚探に表示された値をそのまま表記しています。水面から振動子までの間隔が約50cmなので、それをプラスしたものが実際の潜行深度に近い値となります。アングラーの技術（飛距離や巻き方）、湖流などによっても差が出るので、今回の検証結果は、あくまでも参考値としてお考え下さい

結論。かなり潜ってる。

ディープクランクは自分も昔からちょくちょく使っていましたが、実際に突っ込んで色々使い込み始めたのは、琵琶湖がホームになったここ近年。ディープクランクに関しては、まだまだ勉強の身だと思っております。

……というわけで、今回は、私物以外の色々なディープクランクを実際に投げて、インプレしてみました！

検証は、風の影響を受けづらい琵琶湖北湖の風裏で行ない、飛距離と巻き抵抗を10段階で数値化してみました。

実際に投げてみると、ほとんどのルアーが、公称値を上回る潜行能力を持っていることに驚き。また昔は使いづらいと思っていたルアーも、現代の進化したタックルで使うと、全然余裕で使えちゃうなという発見もありました。

ディープクランクを使ううえで気になるラインの太さですが、ルアーによってバラつきはあるものの、基本的には、ラインが太くなるほど潜りが浅く

ディープクランクを身近にしてくれた功労者

マッドペッパーマグナム（ティムコ）

発売から30年以上と、息の長い人気を誇る、国産ディープクランクの雄。アクションはハイレスポンスでロールが強め。言うなればシャッドライクな印象なので、クリア～ステインな水質でも投入しやすいです。重心移動システム搭載でキャスタビリティも◎。潜行角度が急過ぎないので、背丈のあるウイードエリアやシャローレンジを攻める際にも扱いやすいですね。ちなみに、かつて販売されていた金箔＆銀箔カラーは神カラー。再販を熱烈に希望します！

最大潜行深度 5m

飛距離　：★★★★★★★☆☆☆
巻き抵抗：★★★★★☆☆☆☆☆

DD22（ビルノーマン）

DD22と聞いて、今江克隆プロ出演のビデオ「ザ・シークレット」を思い出す貴方は、きっと、バスフィッシング40年選手。当時まだ釣りOKだった琵琶湖大橋の橋脚をニーリングで釣りまくる姿は圧巻でしたね。強ウォブルなアクションで急潜行。当時は、強烈な引き抵抗に根を上げる人続出でしたが、現在の進化したタックルで使ってみるとそれほど使いづらさは感じないと思います。障害物回避能力が高いので、ハードボトムエリアでも使いやすいですよ

最大潜行深度 5.1m

飛距離　：★★★★★★☆☆☆☆
巻き抵抗：★★★★★★★☆☆☆

なるという、予想どおりの結果が出ました。今回はフロロカーボンの12Lbを軸に検証しましたが、16Lbに変えると、たとえばマッドペッパーマグナムで約30㎝、スティーズクランク700では約50㎝潜りが浅くなりました。ニーリングに関しては、水中に差し込んだロッドの長さ分だけ深く潜るという想定内の結果。

　ちなみにロッドは7ft5inのグラスコンポジットモデル。風裏で12Lbラインとの組み合わせとなるとルアーはかなり飛ぶので、今回の潜行深度は各モデルの現実的なほぼMAX値だと考えてください。また、潜行深度はライブスコープで確認していますが、巻き抵抗と飛距離に関しては私の感覚の部分もあるのであしからず。

　いや～、それにしてもたくさんの発見があって本当に面白かった。みなさんも、ディープクランクを巻き倒しましょう！

最大潜行深度 7m

飛距離	：★★★★★★★★★☆
巻き抵抗	：★★★★★★★★☆☆

ディグル5+ (ジャッカル)

不勉強でまことに申し訳ありませんが、実はこのルアー、初めて使いました……。両端が上向きに反った特徴的な形状のリップの効果で飛距離が20％向上するとのことですが、確かに、劇的に飛びますね。そして巻き続ける限り潜り続けてくれるので、ピックアップ寸前までしっかりとレンジに入ってくれます。引き抵抗は強いですが、このボディーサイズで7m超のレンジを攻めれるのは、他にはなかなかないですよね。あまりに素敵過ぎて、この検証の帰り道に買っちゃいました（笑）

最大潜行深度 6m

飛距離	：★★★★★★★★★☆
巻き抵抗	：★★★★½☆☆☆☆☆

ディープX-300 (メガバス)

これは、優等生中の優等生。同サイズクラス最高峰のキャスタビリティーは、まさにストレスゼロ。そして、巻き抵抗は軽いのに、ハイピッチな振動が手元にきっちり伝わってくる。すなわち、水を上手く逃がしつつも、しっかりとアクションしているということ。ロングキャストで最大6m以上潜りますが、任意のレンジキープ能力が高いので、シャローレンジでも非常に使いやすいです。3〜6m前後までをカバーする、現在の自分のメイン機です

DC400カスカベル (デプス)

さすが、ウイードレイク・琵琶湖育ち。潜行角度は比較的なだらかで、浮き上がりも強く、ウィードエリアでの使いやすさが光りますね。太号数ラインでも動きが死なない、しっかりしたアクションでバスにアピールしてくれます。ディープクランクには珍しいフラットサイド形状なので、フラッシングや色調変化も生きますね。横風が吹くと飛行姿勢が崩れることもありますが、タングステンウエイトの重心移動システムを搭載していて、総合的なキャスタビリティは高いです

最大潜行深度 4.5m

飛距離	：★★★★★★★½☆☆
巻き抵抗	：★★★★★★★☆☆☆

最大潜行深度 6m

飛距離	：★★★★★★★★★☆
巻き抵抗	：★★★★☆☆☆☆☆☆

コンバットクランク480 (エバーグリーン)

ロール要素が強めのハイピッチなアクション。タングステン重心移動システム搭載で、キャスタビリティはとても優秀。ボディーの振り幅も大き過ぎず、ウイードの抜けもいいので、琵琶湖のようなフィールドでは使いやすいルアーですね。巻き感も非常に軽いので、一日巻き続けるような状況では大きなアドバンテージとなります。4m台が射程のルアーですが潜在的な潜行能力は高く、テスト時はフルキャストで最大6m以上潜りました

ディープショット (ティファ)

田辺哲男プロ監修の名作。DD22と似ていて、引き合いに出されることも多いですが、こちらの方が少し小ぶりなボディーシェイプで引き抵抗も軽め。DD22同様、急潜行で、しっかりしたウォブルの強アピールタイプです。ちなみに、前期モデルと後期モデルで違いあり。前期モデルのほうが泳ぎのピッチが速くロールも強めで潜りもいいです。アイの位置が違うので（前期型が後ろ寄り、後期型が前寄り）、購入時は要チェック。前期のほうが人気がありますが、後期でも普通に釣れます

最大潜行深度 4.5m

飛距離	：★★★★★★★☆☆☆
巻き抵抗	：★★★★★☆☆☆☆☆

最大潜行深度 4.8m

飛距離	：★★★★★☆☆☆☆☆
巻き抵抗	：★★★★★★★☆☆☆

DB3（バグリー）

クランクベイト史の一角を担う名品。このルアーでいい思いをしたベテラン勢も少なくないんじゃないでしょうか？　そのボディーサイズ＆イメージに似合わず、アクションは意外にタイト。潜っている途中はヌメヌメした引き感ですが、潜り切ったところから、パリパリした振動が手元に伝わってくる感じですね。今時のルアーと比べるとキャスタビリティーは劣りますが、キャストが決まれば5m以上潜らせることも可能。現行モデルの出来もいいらしいという噂。ちょっと気になります

ダウンディープラトリンファットラップ DRFR-7（ラパラ）

今回、最も衝撃だったルアーがコレ。少なくとも20年以上前から存在していますが、雑誌などに取り上げられることもなく、人気もなかったためか、かつてはワゴンセールの常連でした。現代のタックルで使うと、飛距離も抜群で、今時のルアーにも負けないポテンシャルを持っています。自分は、急潜行でドリルロール的なアクションを生かし、水深1〜2mをボトムノックさせるというイレギュラーな使い方で多用していましたが、これからは普通にディープクランクとして使いたいと思います（笑）

最大潜行深度 6m

飛距離	：★★★★★★★★★☆
巻き抵抗	：★★★★★★☆☆☆☆

ワゴンセールの常連は想像以上の実力者

トリプルディープ TD-20（アングラーズプライド）

いまだに根強いファンの多い名作。ライセンス云々の問題で、色々な販売元＆モデル名で売られていましたが、日本ではベクトロンの名称でお馴染みですよね。その細かいエピソードはさて置き、このルアーの持ち味と言えば、固定重心によるシャッドライクな泳ぎと抜群の直進安定性。あとは、何と言ってもサイレントである点で人気を博しました。当時はサイレント仕様のクランクも少なく、実際によく釣れましたね

最大潜行深度 4.2m

飛距離	：★★★★★☆☆☆☆☆
巻き抵抗	：★★★★☆☆☆☆☆☆

ショットオーバー5（ノリーズ）

現在の日本のバスフィッシングフィールドにおいて、かなりの支持を受けているディープクランクではないでしょうか。そのくらい、全国どこのフィールドでも釣果を聞くルアーです。急潜行かつ、キャスティングで5m以上の潜行能力を備え、リザーバーなどでも使いやすい。更に、浮力弱めで強すぎないアクションが、ハイプレッシャー化する日本のフィールド事情にマッチしているのかもしれません。ディープクランク初心者にもオススメです！

最大潜行深度 6.3m

飛距離	：★★★★★★★★☆☆
巻き抵抗	：★★★★★☆☆☆☆☆

最大潜行深度 **7m**

飛距離　：★★★★⯪☆☆☆☆☆
巻き抵抗：★★★★★★★★★★

T.D.クランク1076（ダイワ）

昔から持ってはいたけど、全く使ったことがない……ということで、恐いもの見たさで検証してみました（笑）。当時のカタログでは潜行深度６ｍ＋αとか書いてあった気がするんですが、今時のタックルでロングキャストすれば、余裕でそれ以上潜ります。しかも、潜り続けて、ボトムから離れようとしてくれません。飛距離が出しづらいので限界はあるんですが、もっと飛ばすことが出来たらどうなることか……。ドラッギングにもよさそうですが、引き抵抗激重なので、手首を壊しそうです（笑）

個人的
「これで釣ったらカッコイイ!」
の筆頭

スーパーセダー400PLUS David Fritts（POE'S）

スーパーセダー400と言えば田辺哲男プロをイメージされるベテラン勢も多いと思いますが……、こちらのモデルはクランキングの名手デビッド・フリッツのシグネイチャーモデル。ちなみに、通常のスーパーセダー400よりも、潜行深度は深いです。引き抵抗が大きい割に動きは鈍重ですが、ウッド（杉）ならではのヌメリ感のある水絡みは、このルアーならでは。個体差が大きいのが悩ましいですが、急潜行で飛距離も出るので、意外に使いやすいルアーです

最大潜行深度 **5.9m**

飛距離　：★★★★★★★★⯪☆
巻き抵抗：★★★★★★★★⯪☆

ブリッツEX-DR（O.S.P）

今回用意したルアーの中では最も小ぶりな部類。とは言え、実際はこのくらいのサイズのルアーを使う人が一番多いんじゃないの？　ということで、チェックしてみました。特筆すべきは、固定重心でありながら、ワンランク大きなものと比べても遜色無い遠投性能。急潜行な特性と相まって、4m以上の深さまでしっかり潜ってくれます。シルエットもコンパクトで引き抵抗は小さいけど、引き感はしっかり手元に伝わり、非常に扱いやすい。ハイプレッシャーなフィールドでは、心強い武器になってくれるはずです

最大潜行深度 **4.3m**

飛距離　：★★★★★★⯪☆☆☆
巻き抵抗：★★★☆☆☆☆☆☆☆

ハードコア・バレットクランク7＋（デュエル）

琵琶湖屈指のハードベイターであるガイド・黒須和義氏と、MLF、BASS MASTERで活躍するUSツアープロ達との共同監修による、マグナムサイズのEXディープクランク。その名のとおり、弾丸のようにカッ飛ぶキャスタビリティーと潜行能力の高さで、８m以上の深度までを攻略可能。同サイズクラスのクランクにしてはかなりライトな引き感で、この手のクランクベイトを初めて使うという方にもオススメ。コストパフォーマンスも高いです

最大潜行深度 8m

飛距離　：★★★★★★★★★★
巻き抵抗：★★★★★★★★★★

ディープシェイカー85F（バスデイ）

ありそうでなさそうな、見た目もアクションもシャッド的で潜行深度５m超のルアー。バスブーム全盛の頃のルアーですが、全く古臭さを感じさせませんね。タングステン重心移動システム搭載で、キャスタビリティーは今時のルアーと比べても遜色なし。当時のJBクラシックで優勝されたプロの方が、実はシークレットでこのルアーを使っていたという話を聞いたことがありますが、真偽のほどは定かではありません……（笑）。今だからこそ実戦投入してみたい、そんなルアーです

最大潜行深度 5.3m

飛距離　：★★★★★★★★★☆
巻き抵抗：★★★★★☆☆☆☆☆

最大潜行深度 9m

飛距離　：★★★★★★★★★★★
巻き抵抗：★★★★★★★★★★★

スティーズクランク700（ダイワ）

このルアーの最大の持ち味が、大型タングステンボール搭載の重心移動システムによる、破格の遠投性能。今回試したルアーの中では、最も飛ぶ印象を受けました。ライブスコープ計測による最大潜行深度は驚きの9m超え。これまた、今回の中で一番の数値。引き抵抗はそれなりにありますが、マグナムサイズの物の中では、かなりライトな引き感です。非常に優等生的で扱いやすく、出し所も多そうですね。価格もそこそこリーズナブルで、入手しやすいのも嬉しいです！

レアリスクランクG87 20A（デュオ）

16Lbラインで６mレンジを確実に攻略するというコンセプトで開発されたモデル。監修は琵琶湖ガイドの西島高志氏。この手のEXディープクランクは引き重りを軽減する方向で設計された物が多いですが、それらの物と比べると引き抵抗は大きく、アクションもかなり強め。ウォブル中心のワイドなアクションでアピール力もハンパじゃないです。また、ロングキャスト時の潜行角度は思いの外緩やかなので、中層の魚をねらっていくのにもよさそう。唯一無二感のあるルアーです

最大潜行深度
6.5m

飛距離　：★★★★★★★★★
巻き抵抗：★★★★★★★★★★★★★★

DEPTH PLUS 30＋(Mann's)

30＋と言えば、ポール・アライアス！　2008年エリートシリーズ・ファルコンレイク戦で、BASS MASTERの最重量記録を達成した際のメインベイトです。20年以上も前から存在するアメリカンルアーだし、「飛ばない＆潜らない」的なイメージも強いですが、今時のタックルで投げれば、普通に飛ぶし、普通に潜りますね。さすがにキャスティングで30フィート（約９ｍ）超えは難しそうですが、８ｍ近くまで潜るのは確認しました。引き抵抗は激重ですが、ポール・アライアスを目指して巻き倒しましょう！

最大潜行深度 7.5m

飛距離　：★★★★★★★★★★
巻き抵抗：★★★★★★★★★★☆☆☆☆☆

アラシ・ラトリンディープ ADP25(ストーム)

究極の扱いやすさを追求したという、ブランドン・パラニューク監修モデル。レスポンスのよい泳ぎと高い潜行能力を生むサーキットボード・リップや、超高速リトリーブでも安定した泳ぎを実現する可動式アイなど、ギミックも盛り沢山。国産の物と比べると引き抵抗は大きいですが、その分、しっかりとアピールしてくれるのが伝わって来ますね。ゆっくりな巻きでも潜りがよく、フルキャストすれば９ｍ近くまで潜ります。処分特価で買ったんですが、これは良い買い物でした

最大潜行深度 8.5m

飛距離　：★★★★★★★★★★
巻き抵抗：★★★★★★★★★★☆☆☆

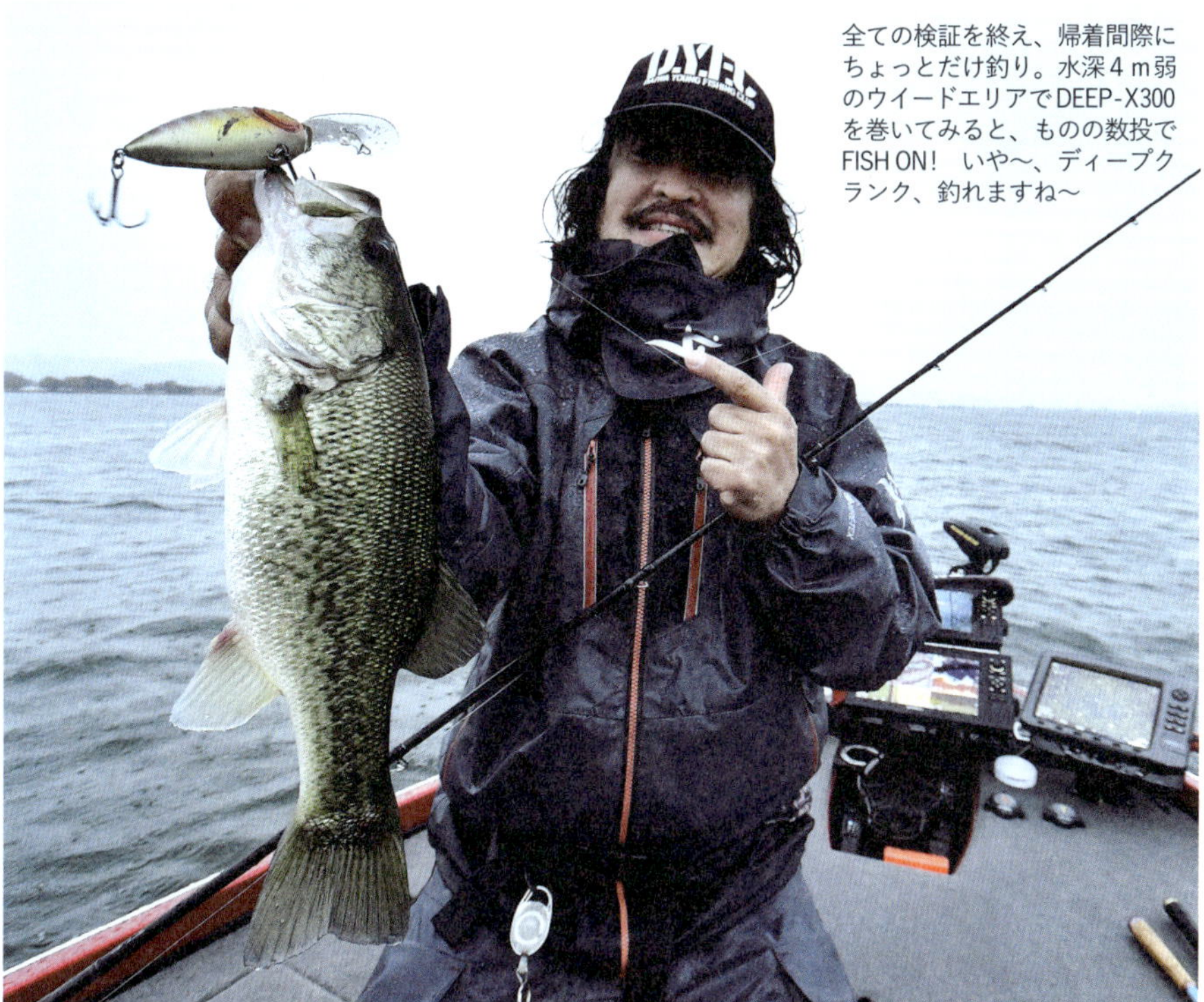

全ての検証を終え、帰着間際にちょっとだけ釣り。水深４ｍ弱のウイードエリアでDEEP-X300を巻いてみると、ものの数投でFISH ON!　いや～、ディープクランク、釣れますね～

18th LOVE!

時代を駆け抜けたバイブレーション

巻き物の王道・バイブレーション。定番的な扱いではありながらも、意外と苦手意識のある人も多いのでは？　ニンジャ的目線で、使いやすくてよく釣れるバイブレーションをご紹介。もちろん、思い入れ枠もありマス！

教科書が充実した今だからこそチャレンジしよう！

皆さんは、バイブレーション使ってますか？　我々の青春時代は、どこに行っても皆バイブレーションを投げまくっていた記憶があります。

最近だと、琵琶湖や房総リザーバーなどで各地の猛者が激ハメしている話をたまに聞いたりはするけれど、地方の野池オカッパリなどを除くと、昔ほどバイブレーションを投げてる人を見かけなくなったような気がします。少なくとも、霞ヶ浦や富士五湖などで、みんながみんなバイブレーションを投げまくってたバスブームのころとは明らかに状況が変わっています。

たしかに、当時とはフィッシングプレッシャーも釣り場を取り巻く環境も大きく変わりました。じゃあ、バイブレーションは釣れなくなったか？　というと、答えは否。今でも普通に釣れます。

実際、自分のガイドでもバイブレーションを使う機会は少なくないのですが、「バイブレーションで釣ったことがない」「そもそもバイブレーションを投げたことがない」という人は意外に多いです。

そのような方々に理由を聞いてみると、「根掛かりが怖くて投げる気にならない」「釣れる気がしない」「使いどころがわからない」という答えが多く返ってきます。

その気持ち、わからんでもない。そもそも、広大なエリアを攻略するために生まれたアメリカ的なバイブレーションは、あくまでもボートでの使用が

今でも売れ続けている世界一のベストセラー

ラトルトラップ（ビルルイス）

世界でもっとも売れているルアーとして知られる偉大なる存在。温水洗浄便座をウォシュレットと呼ぶように、食器用洗剤をママレモンと呼ぶように、本場アメリカでは、バイブレーションプラグ全般のことをラトルトラップと呼ぶのだとか。スゴイ話です。もともとがシャローでの使用を主眼に入れたルアーなので、国産のバイブレーションに比べると沈みが遅く、浮き上がりやすいと感じる人が多いかもしれませんが、その特性を理解して使えば、今でも一線級の活躍をしてくれますよ

ラトリンバイブ（ヨーヅリ）

アメリカで１番有名な日本製ルアーのひとつが、このラトリンバイブ。フォール時にヒラヒラとボディーを揺らしながら沈んでいくシミーフォールアクションが最大の持ち味。トッププロの使用率も高く、とくに黒金カラーが１番人気。日本でバイブレーションの釣りと言えば巻きが主体のイメージですが、アメリカでは、通称・ヨーヨーと呼ばれるリフト＆フォールの釣りで使うのが一般的。日本でヨーヨーの釣りをやる人は少ないけど、かなり釣れるテクニックなのでぜひお試しあれ

前提。根掛かっても取りに行けるし、ウイードフラットなんかだと、根掛かることもないですからね。

　根掛かり云々に関しては、技術的なものも少なからず影響しますが、ひと昔前と比べるとルアーの種類も増え、根掛かりの軽減に着目してデザインされたバイブレーションも多く発売されるようになりました。日本のフィールド事情に合わせた、それこそオカッパリでの使用が前提のバイブレーションなんかも発売されています。

　ラインやロッドの進化も、バイブレーションの操作性を飛躍的に向上させてくれましたし、Youtubeなどの動画を観れば、詳細な使い方や使いどころなんかも簡単にわかり、ロッドワークなどのイメージもわきます。昔に比べると、格段にバイブレーションの釣りをマスターしやすくなったと思います。

　正直なところ、投げて巻けば簡単に釣れる！　というほど、現実は甘くあ

TN70トリゴン（ジャッカル）

ルアー制作にかかわる者のはしくれとして、TNシリーズは、純粋に素晴らしいと思えるルアー。そのなかでも、TNシリーズの象徴であるアウトメタルシステムのメリットを最大限まで引き出したトリゴンには嫉妬しかありません。フラッシンバイブを作るとき、アウトメタルシステムが使えたらどんなにいいだろうと、自分の境遇を呪いました（笑）。というのは冗談ですが、ディープ攻略、高速巻きに関しては、最強のパフォーマンスを備えてるバイブレーションプラグだと思います

ウォーターソニック（ウォーターランド）

バスブーム世代にはお馴染みの存在。15年間で100万個売れたという逸話もあるほど、超絶な人気を誇ってましたね。ミラクルジムのビデオに感化され、北浦のオダでこれを投げまくってた友人もいましたが、自分は根掛かってロストするのが嫌だったので、持ってはいたけど全然投げませんでした……（笑）。今、改めて使ってみると、アクションなどは意外と大人しい印象。ソリッドボディーでサウンドアピールも弱いので、むしろクリアウォーターで真価を発揮するルアーなのかもしれません

ハードコア・フラッシンバイブ（デュエル）

かつてワタクシが監修させていただいたルアー。深場での使用や高速巻きでの使い勝手を向上させるため、同サイズのほかのルアーと比べて重めの重量設定になっているのが特徴。フォール時にボディーを揺らしながらシミーフォールするので、リフト＆フォールの釣りにも向いています。ボトムで立つバランス設定に加え、ノーズ部の幅を広めにして障害物回避能力を高めてあるので、根掛かりは想像以上に少ないです。消波ブロックやハードボトムにガツガツ当てながら巻くと、いい釣りができますよ

T.D.バイブレーション（ダイワ）

これぞ国産バイブレーションの代名詞。バスブームを通ってきた人なら、一度は使ったことがあるんじゃないかと思います。自分も、TV『ザ・フィッシング』の番組中、泉和摩プロがT.D.バイブでトーナメントを優勝するシーンを観て、すぐに釣具屋さんに買いに行った記憶があります。バージョンアップや派生モデルの追加を経て、今なお残り続けるのは、釣れるからにほかなりません。「T.D.バイブを使ったことがない」というヤングな皆さんも、一度は使ってみてください

りませんが、予習さえしっかりして行けば、思ってるよりもイージーに釣れちゃうと思います。速巻きやリフト＆フォールで、ガツッとくるバイブレーションのアタリは本当に快感です。

ラトリンジェッター（ノリーズ）

田辺哲男プロ監修の名作バイブレーション。卓越したレンジキープ力を備え、琵琶湖などのウイードレイクでは圧倒的な支持率を誇るルアーです。現行のものはタングステンウエイト仕様になっており、低音コトコト系のサウンドが特徴。高音ジャラジャラ系サウンドの旧タイプ（残念ながら廃盤）と使い分ければ、まさに無双。タイトなアクションでありながら、手もとにくる引き感はしっかりしているので、バイブレーションの漫然とした釣りが苦手という人にも使いやすいと思います

ベビーバイブレーション（ラッキークラフト）

今やエリアトラウト用としての人気のほうが高くなってしまいましたが、バス用としてもすこぶる優秀な数釣りルアー。全長40㎜、3.5gという超小型サイズでありながら、しっかりとアクションし、ボトムも取れるのはスゴイ。普通のバイブレーションほどの飛距離は望めないので、小場所での使用に向いています。ライトクラスのスピニングタックルとマッチングがよく、小バスメインの場所であれば、PE0.4号＋4Lbフロロリーダーに合わせると使いやすいです

レアリスバイブレーション 68 G-FIX（デュオ）

琵琶湖北湖のプロガイド・西島高志氏プロデュースモデル。薄型でエッジの立ったボディー形状に加えて、21gという重めのウエイト設定で、ディープやロングディスタンスでの操作性が際立ちます。ラトル入りのインジェクションボディーでありながら、ソリッドボディーのバイブレーションやメタルバイブに近い感じの使用感というのは、ほかにはなかなかないですよね。強風時も風のあおりを受けにくいので、オカッパリなどで大遠投の必要な場面でも活躍してくれそうです

Leroy Brown（マンズ）

Leroy Brown（レロイ・ブラウン）は、ジェリーワームやリトルジョージなどでお馴染みのルアーメーカー・Mannsの創始者であるトム・マンが飼っていたバスの名前。そのレロイブラウンが亡くなったときに追悼の意を込めて作られたのが、このルアー。単なるノベルティなのか、はたまた本気で作り込んだのかはわかりませんが、俊敏さを失ったスーパースポット的な使い心地で、普通に釣れます。こんなルアーを発売してしまうというのが、いかにもアメリカっぽくて素敵ですよね

ウィッギー（スミス）

自分の釣り人生のなかでももっとも数を釣ったバイブレーションだと思います。初めて使ったときは「トロくさいルアーだな」と思いましたが、それは巻きで使ってたから。あるときボトムで立つことに気付き、ズル引きやリフト＆フォールの釣りで使うようになって、飛躍的に釣れるようになりました。今となっては、TNやブザービーターなどのようにボトムで立つタイプのバイブレーションは普通ですが、それらのルアーよりもはるか前に発売されていたということが凄すぎますよね

出会いは心斎橋フィッシングサロンのワゴン（380円也）

19th LOVE!

実弾！ガチで愛用する ワッキースタイルワーム

ワッキーとは風変わりという意味。その名の通り、かつては異端のリグとされたワッキーリグも、いまや、ジャパニーズ・バスフィッシングのド真ん中。デカバス狙いも数釣りも、ワッキーリグのないバス釣りなんて有り得ない！

日本での元祖は「五寸釘リグ」？

ワッキーリグが日本で大きく注目され始めたのは１９９０年代のバスブーム以降のため、比較的新しいリグだと思われている方も多いかもしれませんが、実は本場アメリカではかなり古くから用いられており、元々は、フローティングワームを用いてノーシンカーで使ったり、キャロなんかで使うのが主でした。

そんなワッキースタイルのリグを自分が初めて目にしたのは、30年以上前。ビデオだかTVの釣り番組で、リバーサイド社のフローティング・エアフライというワームに半分に折った五寸釘を刺し、ストレートフックでワッキー掛けにして、琵琶湖北湖のロックエリアで爆釣していたのが、とても印象に残っています。そのリグはたしか、「五寸釘リグ」という名前で紹介されていたと思うんですが、自分の記憶が正しければ、そのときのアングラーはヒロ

風神スパイダートレーラー
（イマカツ）

サイコロラバーと双璧を成す、困ったときのお助けアイテム。ダウンショットワッキーやジグヘッドワッキーはもとより、高浮力なマテリアルの特性を生かし、ノーシンカーワッキーでの表層攻略も得意です。FECO対応フローティングワーム素材、エラストマーの２種類のマテリアルが存在しているので要注意（発売時期により違いあり）。個人的にはFECO素材のほうが好きです

キンクー6in改（デプス）

これは、キンクー６inを２本つなげたもの。元々、うちの兄が自作して好釣果を上げていたんですが、ネコリグで使うとよく釣れるんです。とくに人気場所やハイプレッシャーな状況に強い。太過ぎず、適度に華奢で、ワームのつなぎ目があるがゆえの弱々しさ（張りのなさ）がいい！　と勝手にファンタジックな妄想をしています。キンクー６inはすでに廃盤なので、入手できなくなったら終了です……

長さ、太さ、硬さの
黄金比＋接続部の関節がキモ

内藤さんだったような気が……？　いや……違ったかな？

　その後しばらくして、村上晴彦さんの提唱するネコリグだったり、センコーやカットテールなどの高比重ワームの大流行をきっかけとし、日本国内でもワッキースタイルのリグが一気に広まっていきました。

　そしてダウンショットワッキー、ジグヘッドワッキー、ライブベイトリグなど、様々な派生リグが誕生して今に至るわけですが、今やネコリグなどは日本発のリグとして本場アメリカに逆輸入されるほど。いやはや、すごい話です。

　自分自身にとってもワッキースタイルのリグは、主軸中の主軸。現在のホームの琵琶湖なんかだと、ただ魚を釣るというだけならストレートワームのネコリグだけあれば事足りてしまうし、それにプラスして、ジグヘッドワッキー、ダウンショットワッキー、ノーシ

ンカーワッキーと、ワッキースタイルのリグがあれば全国どんなフィールドでもやり切れちゃうとすら思うほど。

そんな万能さを備えるワッキースタイルのリグたちですが、使い分けなどについて語り出したらページが足りないので、細かい話はまたの機会にでも。

ルアーも、思い出枠やネタ系まで入れるととんでもない量になっちゃったので、今回はあえて実戦主義&現役一軍選手のみの紹介です。

2017年のバスオブジャパン桧原湖ではフラッシュストレートのネコリグをメインに優勝！

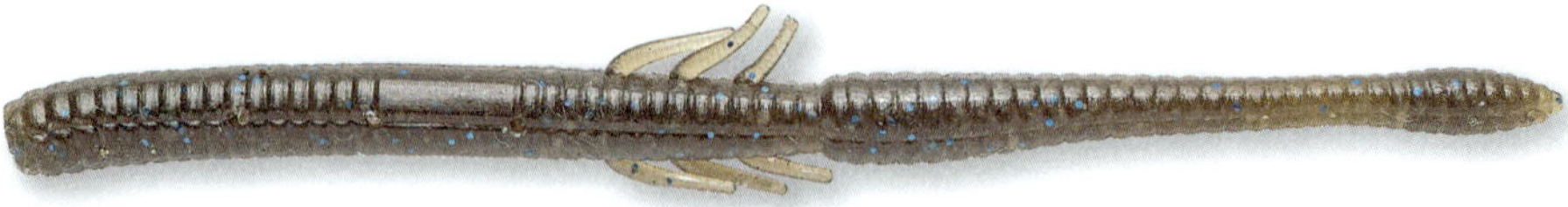

フラッシュストレート
（フラッシュユニオン）

ワタクシ的に、こいつとカバーコンタクトフックの組み合わせが、カバーネコの黄金コンボ。現状、使い勝手のよさ、使用時のストレスのなさにおいて、これを上回るものはないと感じています。ただ、フラッシュユニオンがソルトのビッグゲーム・ブランドと化しつつあるので、なかなか店頭でも見かけづらくなってきているのが難点。入手できるうちにゲットしておくことをオススメします

ボウワームヌードル（エバーグリーン）

紀州のリザーバーを発祥とし、いまや、全国区のデカバス必須テクとなった、ロングワームのノーシンカーワッキー。その中でも、ここ最近、圧倒的な釣果を叩き出しているのが、このボウワームヌードル。明らかに特別な何かが宿っているとしか思えない集魚パワーは、天才バスねらいでも効果を発揮。基本的な使い方はフォール＆ステイとベリーイージー。１パック持ってて損はないアイテムです

アライブシャッド（ロボワーム）

ダウンショットやジグヘッドのイメージが強いワームですが、ノーシンカーワッキーでも超イケてます。ハンドポワードならではの浮力を生かした表層ピクピク、フックの重さを利用して沈める激スローフォールは、スレたバスにも口を使わせる最終奥義のひとつ。見た目のリアルさでは最近の物に敵いませんが、マテリアルの持つ食わせパワーはいまだに一線級だと思います

フラッシュＪ（フィッシュアロー）

フラッシュＪといえば、ライブベイトリグ。軽めのネイルシンカーを使ったワッキーセッティングで、横に横にと泳いで行くので、オーバーハングの下や岸際をタイトに攻めるのが得意。フックを刺す向きで泳ぐ方向が変わるので、ねらう場所によって使い分けましょう。ボディー内にインサートされたホロシートの光が、ほかのワームとは明らかに違うバスの反応を導き出してくれます

ワグズスティック（MT's ベイト）

知る人ぞ知る、ワタクシの代名詞的存在。シンプルな形状で扱いやすく、よく釣れる、真の逸品です。センター部が太くなっており身切れしにくいので、ワッキースタイルのリグにベストマッチ。高比重マテリアルでノーシンカーでも使いやすいのはもちろん、深場でのダウンショットワッキーやジグヘッドワッキーでの操作性も抜群

勝ちたい時はコレ！　ニンジャ溺愛の勝負ルアー

レインボーシャッド（イマカツ）

表層の釣りで、泣きながら最後に投げる切り札的ワームです。個人的にはマイナーチェンジ前のシンセティック素材のテールの物が好きなんですが、それはI字で使用する場合。ワッキーセッティングで水面をピクつかせるのなら、現行のティンセル・テールのフラッシングが効く場面も少なくないと感じています。飛距離重視で、PE 0.2号＋フロロ1.2号リーダーでのセッティングがマストです

ヤマミミズ（ゲーリーインターナショナル）

オーソドックスな形状です。そんなわけで、数釣りパターンが成立する際のガイドで、お客さんを巻き込んでよく似たワームと釣り比べてみたんです。そのときはノーシンカーワッキーとダウンショットワッキーで比較したんですが、7：3くらいでヤマミミズの勝ち。やはりゲーリーマテリアルは凄い！　という結論に落ち着きました

極論、スワンプだけあればどうにかなる

スワンプクローラー（ZBC）

スワンプクローラー＆スワンプマグナムと言えば、ワタクシのメインウエポン……なんですが、昨今の円安のせいで入手困難になってしまい非常に困っております。とくにスカッパノンなど日本の問屋さんの別注カラーは、ほぼ入手不可。まさかこんな日が来るなんて。現状、レインズスワンプなどで代用しておりますが、やっぱりアレです、ZOOMマテリアルが恋しい（笑）

トライアングルスティック（ポパイ）

本項唯一の懐かし物にして、いまだ 現役&超一軍。ソルティとノンソルティが存在しますが、自分が使うのはソルティのみ。ノーシンカーワッキーで使うことが多いんですが、センコーなどと比べるとパワフルな振動が特徴です。ただ、それはあくまでも二次的、三次的要素。センコーよりも塩の量が多くて重いので、ノーシンカーでも、水深のある場所で使いやすいというのが最重要な点です

6.5inカットテールワーム
（ゲーリーインターナショナル）

長さがあるのでサイズを選んで釣って行けるのが強みですが、独自のテーパー形状のおかげで見た目よりも弱アピールなため、ハイプレッシャーな状況にも強いという二面性も持ち合わせています。フックを刺す部分とシンカー挿入部に太さがあるので、ワーム自体の持ちがいいのもありがたいですね

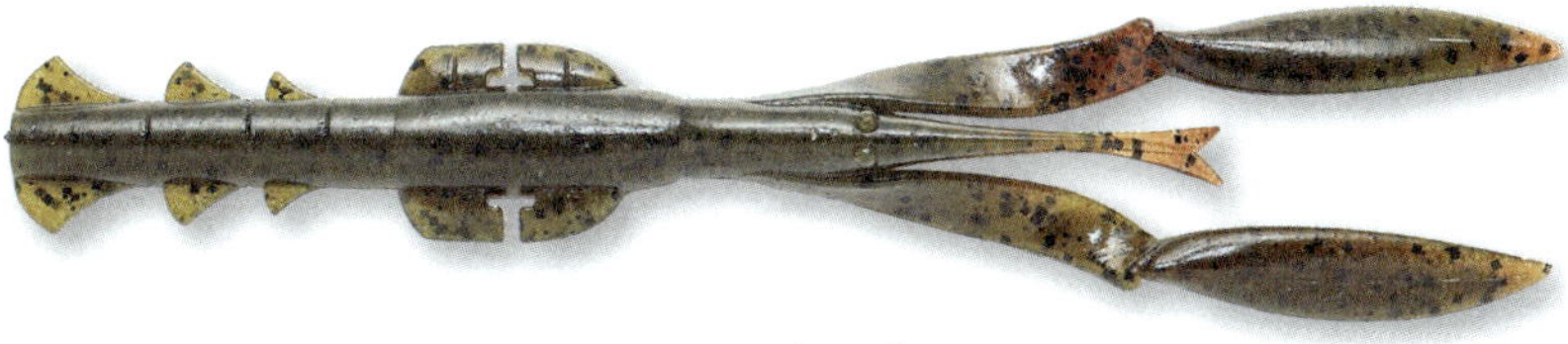

ジャスタークローラー（ゲットネット）

こちらも近年、使用率が爆上がりのワームです。色々と、釣れるギミックが盛り込まれていますが……、それらはさておき自分的にこのワームの素晴らしいと思う点は、張り感のある素材と、ネコリグで使用した際の綺麗なフォール姿勢。変な抵抗感なく素直にフォールしてくれるので、現在自分がホームとしている琵琶湖北湖のような、湖流がギンギンに効いたディープなんかでも扱いやすいんです

ネコカマロン（ケイテック）

自分自身、これまで、この手のシュリンプ系ワームのネコリグの必要性をあまり感じていませんでした。というのも、見た目はそれっぽいけどアクションは微妙……という物も多く、それならストレートワームでいいや、と思っていたからです。しかし、コイツは見た目もアクションもしっかりテナガエビ。まさに匠が生み出した造形の妙。ここ最近使い始めましたが、釣果実績も抜群です！

愛すべきスワンプクローラーのスカッパノンでキャッチ。「琵琶湖で一生ひとつのルアーしか投げられないとしたら？」と聞かれれば、ワタクシはきっとこれを選びます

20th LOVE!

数多のバスを狂わせた フィーディング対応ルアー

「フィーディングモードのバス＝楽勝！」的なイメージで釣りをして大ハズシした経験、あなたにはありませんか？　そう、フィーディングバスは意外にセレクティブ。状況に合わせたルアーチョイスが必須なんです！

フィーディングバスは意外にナーバス

フィーディングモードのバスというと、とにかく高活性で、大筋を外さなければどんなルアーでも食ってくる、そんなイメージを持ってしまいがち。とくに、目の前でボイルでもしようものなら、尚更。

もちろん、興奮して何でも食ってくれるような心優しいやつも少なくありませんが、特定のベイトを偏食していたりする状況なんかだと、ルアーなんかにはまったく目もくれないなんてことはよくあります。

普段はよく釣れるルアーが全然効かなかったり、ちょっとしたサイズ感や色の違いで反応に雲泥の差が出たり、そもそも、魚の位置が遠すぎてルアーが届いてなかったりと、ともすると楽勝に思えてしまうフィーディング魚ねらいも、なかなかひと筋縄では行かないということは、経験豊富なアングラーの多くが感じていることだと思います。

と、そんなこんなで、今回は、自分のこれまでのバス釣り人生において、フィーディング魚ねらいでとくに印象に残っているルアーを紹介させていただきます（ほんの一部ではありますが……）。

バスフィッシングは、自然相手の遊び。フィールド、天候、魚の気分、エトセトラ……。まったく同じ状況になるということはありませんが、皆様の何かのヒントになれば幸いです。

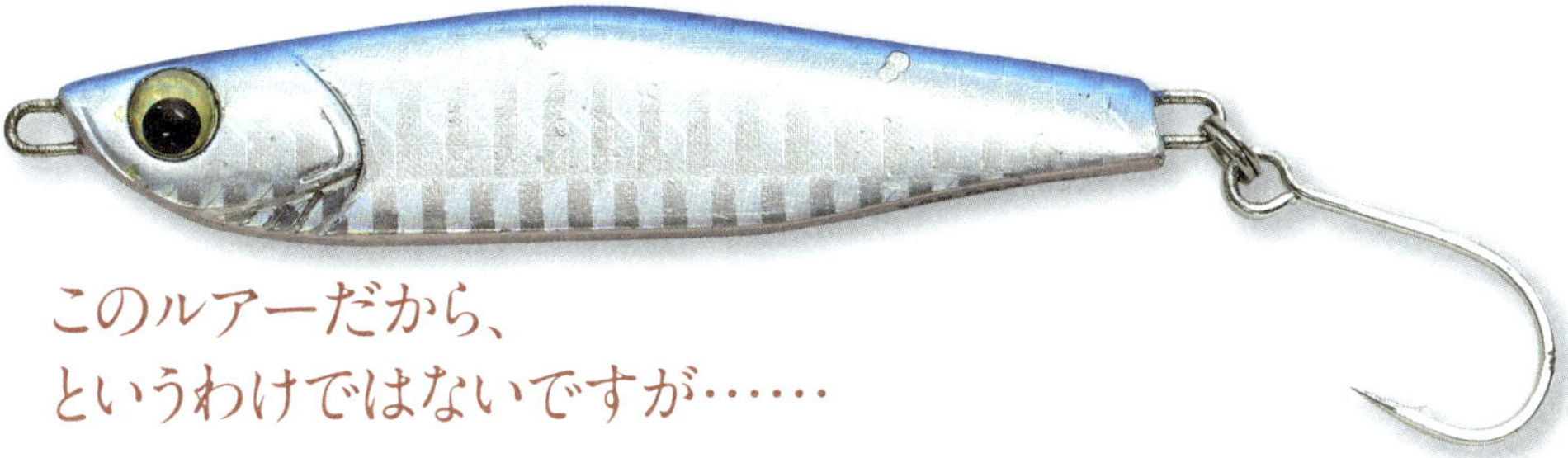

このルアーだから、というわけではないですが……

トンデン（フィールドハンター）

それは、北海道遠征から帰ってきて、そのまま琵琶湖に釣りに行ったときのこと……。湖西の河川の河口の沖で超絶ボイル祭りが起こっていたんですが、何を投げても届かないし、周りの誰もが攻めあぐねているなか、北海道に持っていっていた海アメ・タックルにこいつを付けて投げたら、なんと、一投目で50cmアップ、その後も連発という奇跡的な釣果を叩きだすことができたんです。まあ、魚のいる場所に届いたから釣れただけなんですが……、ボイル撃ちにおいて飛距離は正義！　というのを痛感した出来事でした

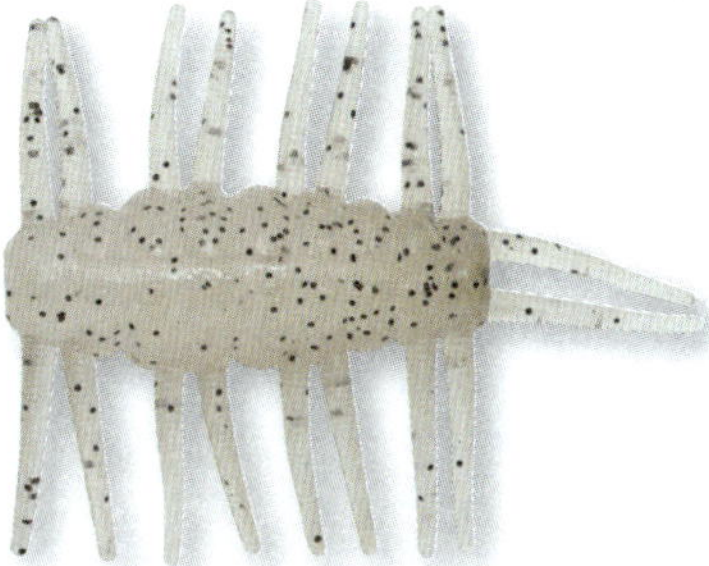

SVSB（ディスタイル）

七色ダムにて、これまでの釣り人生でも前例のない、バスの成る奇跡の木を発見したんです。その木の下には数尾のバスが群れており、エビなのか小魚なのか、何かを憑りつかれたように食べていて、バスボートで真上に乗っかっても逃げる気配もない。でも、どんなルアーを投げてもまったく見向きもしてくれない。そんななか、あれこれ試したなかで、唯一このSVSBだけは迷いもなく食ってくれたんです。しかも、同じスポットで、立て続けに3尾も!!　もはや悪魔的と言うしかない、ヤバすぎるルアーです、これは

プリズマ（ドラゴンルアーズ）

かなり昔、アメリカのバスプロ（多分リック・クランだったと思う……）が、でかいブレードのついたスピナーベイトを表層速巻きで使って入れ食っている映像を観て、手持ちのプリズマで適当に真似してみたら、めちゃくちゃ釣れたんです。今となれば、ヤル気のある魚を選んで釣って行くというのは当たり前に感じるんですが、それまで、深く考えて釣りしたことなんてなかった小僧にとっては、とても衝撃的な出来事でしたね

D1（ディスタイル）

フィールドや状況によっては、小指の先程の極小ベイトだけを食いまくっているということもあります。自分自身、そのような場面に出くわしたことは何度もありますが、そういうときは、ちょっとしたルアーサイズの差で驚くほど食いが変わってくることも多い。D1はノーマルでもいいんですが、くびれの部分でカットしてテール側だけを使うのがヤバイ！　理由はわかりませんが、同じ状況下でアジ・メバル用のワームと釣り比べても、こいつの釣れっぷりにはかないませんでした。ダウンショット、ジグヘッドで使います

シャワーブローズ

（エバーグリーン）

「ボイルしてるんだけど、ちょっと遠いなぁ……」と、そんなとき、めっぽう頼りになる存在。飛距離だけで言えば、もっと飛ぶペンシルベイトはほかにもありますが、特定の場所を軸にフィーディングしているような魚だと、ねらった場所を引いてくることができるかどうかが、とても重要。こいつは、飛距離も出せるうえに、コントロール性能も極めて高い。しかも、遠い位置でもしっかり動かすことができる。文句なしの秀作です

スティッキー２

（スミス）

自分の釣り史上、ボイル撃ち＆フィーディングねらいで釣った魚が一番多いのが、実はこのスティッキー２なんです。固定重心なのに飛距離が出せて、潜行角度と立ち上がりがいい、ということで気に入って使っていました。着水後、ハンドル３回転するまでに釣るイメージで、痛快なまでに釣れましたね。時代がよかったということもあるし、今はもっといいルアーもあるので、殿堂入りさせましたが、死んだら棺桶に入れてほしい宝のひとつです（笑）

ソフトシェルシケイダー

（ティムコ）

プラグ系の虫ルアーって、モノによって差が出ると感じるときがありませんか？　もちろん、何でも食ってくれる優しい奴もいるんですけど、特定の虫を偏食してる奴ほどセレクティブで気難しい。目の前でガバガバ虫を食いまくってるのに、ルアーは完全に見切っちゃうことも多々。でも、ソフトマテリアルのこいつはそんな魚も結構な割合で騙せてしまう。質感もそうなんですが、ソフトな音も有効なんじゃないかと思うんですが、どうでしょう……？

デスアダー **（デプス）**

とりあえず、ヤル気モードのフィーディングバスを手っ取り早く探して行きたい、なんてときはコレ！　基本はノーシンカー表層タダ巻き。オープンウォーターでもいいんですが、より効率性を求める場合は、岸際や障害物の際などバスがベイトを追い込むような場所を中心にねらっていきます。ワームサイズは、その釣り場のベイトフィッシュに合わせて選びますが、基本的には4 inが基軸。よく飛ぶので、遠方でボイルが起こったときにも対応しやすいし、初場所なんかでは、これだけで釣りを完遂することもあるくらいです

ワッパー **（ハイドアップ）**

いくらフィーディングモードのヤル気満々バスでも、プレッシャーがかかるとなかなか口を使ってくれない……。そういう場面で幾度となく助けてくれたルアーです。前身のスピッツ（ヴァイパーデザイン）時代から愛用しています。基本的な使い方はノーシンカー水面速引きで、逃げ惑うベイトフィッシュを演出。独特のカップ形状による軽やかなポップ音がバスを呼んでくれる気がします。水面に出きらなければ沈めるのもあり。まあ、文句なしに釣れますね！

浮かべておくだけで爆釣必至。復刻熱烈希望！

ボブルヘッド
（THタックル）

今や、表層ワカサギパターンになくてはならないＩ字系ルアー。派手さはない静の釣りですが、れっきとしたフィーディングねらいの釣りですよね。デルゼにジョーダン、ジジル、アイウェーバーと、優秀なＩ字系ルアーは色々ありますが、個人的に好きなのが、このボブルヘッド。本物のワカサギから型を取っただけあり、見た目も超リアル。もうちょっとだけ飛距離が出せると嬉しいんですが、その点を補って余りあるほど、よく釣れるルアーです！

パニッシュ（スミス）

今風（？）なＩ字系の釣りなんてなかった時代、自分の周りで、表層ワカサギパターンといえば、フローティングミノーの独壇場でした。今で言うところの浮き浮きパターン的な釣りに近い感じで、ちょっと潜らせては浮かす＆放置を繰り返すだけで、ワカサギ食いのバスがよく釣れたものです。見た目も魚っぽいほうがいいということで、トラウト用のミノーが人気でしたね。今でも多分釣れると思うんですが、もし今その状況になったら、やっぱりＩ字系投げちゃいますね（笑）。スミマセン……

ラドスケール（デプス）

青モノのナブラみたいな超絶ボイルが起こっているとき、自分的には、これ一択と言っても過言ではないくらい信頼しているルアーです。使い方は簡単で、限界マックスのスピードでリトリーブするだけ。きれいにアクションさせる必要なんてまったくなし。というか、きれいにアクションさせたくても、予測不能のイレギュラーな動きが発生してしまうのが、このルアーの素晴らしさ。ダイレクトにピンをねらうのではなく、出来るだけ遠投して長い距離を引いてくると、バイト率がグンと上がります

ドッグX Jr. コアユ（メガバス）

仲のよい友人に「野尻湖のボイルねらいで最強！」と薦められて使い始めたのが最初。でも、野尻湖以外でも、スモールにもラージにも最強ということがわかり、それから溺愛しているルアーのひとつです。自分の場合は、長めのスピニングタックルにPE0.4号+1.75号リーダーを組み合わせて使っています。スピードは速くてもゆっくりでもいいんですが、不規則だけど水面を跳ねさせないというアクションを心がけると、よく釣れる気がします（気のせい……？）

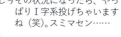

21th LOVE!

サブサーフェスクランクの威力を知っているか？

トップには出ない。だけど、ほんの少し潜らせたら食った。そんな経験をした人、結構多いのでは？　私もそのクチです。このページは、忙しかった私に代わってバサー編集担当の谷川君がまとめてくれました。それではドウゾ。

水面〝直下〟をねらう理由

センドウさんは長年サブサーフェスクランクのメリットを提唱してきたひとりだ。しかし、市場には最大潜行深度1〜1.5m前後のシャロークランクは無数にあるものの、通常のリトリーブスピードで水面直下30㎝までを引けるモデルにはあまり選択肢がない。これはそのまま、アングラーのサブサーフェス攻略の意識が薄いことの表われと言えるのかもしれない。

センドウさんがこのレンジを重視する理由はいくつかあるが、反応させたいのは基本的にトップウォーターでねらうバスと同じだという。

センドウ「水面直下でルアーを引くことのメリットは多いです。単純に、ほんの少しレンジを下げてやるだけで、水面に出ないバスが面白いように釣れる経験を何度もしています」

水面と水面直下の違い。そのひとつめとしてセンドウさんが考えるのがルアーの分身効果だ。とくにステイン〜クリアウォーターでは、水面下でルアーを引くと、バスから見るとルアーの背中が水面に反射し、ひとつのはずのルアーは2つ錯覚させる効果があるという。

センドウ「水面にルアーを反射させるには、ルアーが潜りすぎてはいけません。ファンタジーかもしれないけど、自分はバスを惑わす効果があると思っています」

次に、波風や陽が差したタイミングなど、何らかの理由でバスやベイトが

息の長い人気は
実績の証

ベビーワンマイナス（マンズ）

兄貴分のワンマイナスと共に、発売から30年以上のロングセラーを続ける、SSR（スーパーシャローランナー）のマスターピース。ワンマイナスの名前の通り、水面下１フィート（約30cm）よりも浅いレンジでの使用に特化。高浮力な真ん丸ボディーが生み出す強いアクションと激しいラトル音、操作性の高さは、現行SSRクランクの中においても全く引けを取りません。個人的には、あの大味なルックスとチープなカラーリングが永遠のツボ。愛さずにはいられません

NOI-Z Jr（デュエル）

トップウォーターでの使用が前提のオリジナルサイズ・NOI-Z（105mm）に対し、こちらのJr（95mm）は、水面を割らないバイトを獲りに行くためのサブサーフェス仕様として作りました。使い方や出し所は基本的にバドと同じなんですが、より低水温やハイプレッシャーな状況にフォーカスしています。表層で引き波を立てて引きたい時はナイロンやPE、水面下での使用がメインならフロロをチョイスするのがオススメです。とっくに廃盤ですので、手に入る内に入手して下さい

少しだけ沈み気味になったが、それでもやはり意識やポジションが水面付近にある際は、やはりサブサーフェスが強い。また、波風が立ったときにクランクを潜らせることには、また違った意味合いがある。

クランクは アクションを崩したくない

センドウ「波っ気が出るとトップに出づらくなるって言われることがあるじゃないですか？　あれって半分正解で、半分間違いだと思うんです。

　たしかにそういう状況で魚が沈んでしまうことはあるかもしれません。でも、ジョーダンに代表される水面放置や極スローなI字系の釣りって、むしろ波がないと釣れない。それどころか、フィールドによっては爆風であればあるほど良いとされてたりするわけですよ。あんなに小さいルアーでも爆風でトップに出るんだから『波が立つとバ

スがルアーの存在に気づけない』という説明は無理がある。

でも一方で、とくにクランクをはじめとしたウエイク系のトップは波風があると出づらいという現実もある。この原因って、単純にルアーのアクションが関係していると思うんです」

放置やスローなI字系のルアーは、そもそもルアーにアクションがほぼつかないため、波風の中でも影響がなく、むしろ揺らぎによってよりナチュラルになり、見切らせづらくなる場合もある。

一方で、リップで水を噛んで逃がしつつ、ボディーを左右に振るタイプのルアーは、波風があると水噛みが一定でなくなってアクションが破綻しやすく、また張った状態もラインが水を叩きやすくなり、全体的な〝違和感〟が増えてしまい、結果見切られてしまうというのがセンドウさんの持論だ。

そこでサブサーフェスを引いてやれば、そういった違和感やアクションのムラはなくなり、それでいて水面付近を意識したバスを狙うことができる。

センドウ「天敵にねらわれやすい表層でルアーにストライクするのって、バスにとっても一大決心というか、勇気のいる行動だと思うんです。そのせいか、感覚的に水面直下のほうがためらいによるミスバイトが少なく、ルアーも飛ばされようがないからフックアップ率も高いと感じています」

表層との使い分けとクランクであることの意味

では、いつでもどこでも水面直下が有利なのか。もちろんＮｏである。

センドウ「個人的にトップが好きというのもあるので、いきなりサブサーフェスクランクを巻くことはありません。基本は水面から入ります。

水面でルアーをアクションさせると、水面直下とは音の質が全く違うんですよね。とくに、金属系のパーツがついているルアーは顕著です。『カショカショ』『ガチャガチャ』といった空気を孕まないと絶対に出ない音ってありますから。

あとは水面でルアーを使えば、引き波や波紋が出るので視覚的アピールも可能ですし、そもそも水面でルアーのシルエットを曖昧にしたほうが見切られにくいこともある。潜らせるか否かは、状況に応じていろいろ試してください」

そもそも、なぜセンドウさんは水面直下攻略でクランクベイトを多用するのだろうか。

センドウ「使いやすさと効率です。アングラーが操作したりコントロールしなくても勝手に決まったレンジを泳ぎ続けてくれるのってリップ付きのルアーだけなんで。たとえば、スピナーベイトのガーグリングをやり続けてくださいって言われたらかなりシンドイで

ラットアタット（エバーグリーン）

バスブーム世代には刺さる一品。ファットかつ高浮力なボディーが生み出す、強波動かつハイピッチなアクションが持ち味。が、その割に意外なまでに引き抵抗も少なく、高速引きもそつなくこなす。でもって、高い障害物回避能力を備えるリップ形状で、カバー周りの攻略も得意。これぞまさに優等生。というわけで実を言うと、発売当時は深く使い込む前に飽きちゃってたとこがあったんです。今、一周回って、自分的にアツいルアーになってます！

ビッグバド（ヘドン）

その昔、ザ・タックルボックスというショップの今井店長から「バドはトップじゃなくて、シャロークランクなんだよ」というお話を伺って以来、バドはシャロークランクとしての位置づけです（笑）。と言っても、「トップ使いにこだわらず、潜らせて使うのもあり。固定概念に縛られるな」というお話なんですけどね。写真は大き目のブレード（ノリーズVブレード45）を装着した低重心バージョン。イレギュラーが出ないよう泳ぎを安定させるため、リップには板オモリを貼り付け、浮き姿勢が若干頭下がりになるようチューンしたもの

ベルノッカーマグナム（デプス）

一般的なラトルサウンドよりもマイルドだけど、しっかりと主張のあるサウンドが好きなんです。あと、少し大きめのボディーサイズでありながら、見た目に反して生み出される水流が比較的ナチュラルだというのもよい。いずれも、ボディー内部に内蔵されたスプリングウェイトが生み出す賜物ですね。風の中でもブレないキャスタビリティーの高さ、破綻せず泳ぎ切る安定した遊泳力、琵琶湖のようなビッグレイクではかなり心強い存在です。ウェブメンバー限定販売というのが勿体ない

ヴィンター（がまかつ）

個人的に、琵琶湖北湖のように、直前でルアーを見切りやすいクリアウォーターや、ベイトフィッシュに依存していてルアーの形状や動きの質に敏感になりやすい状況では、ラウンドシェイプのクランクベイトを使用することは少ないんです。でも、これはそんななかでも、しっかり釣果が出せているルアーですね。ハイピッチな泳ぎで見切られづらく、テールから逃がす水流がきれいなので魚が違和感を感じにくいのでは？　と妄想しています

アライくん（ズイール）

ベテラン勢にはお馴染みの名品。かわいらしい見た目に反し、驚くべき釣獲能力を秘めた、超実力派ルアーです。小技を駆使したトップ使いはもちろん、巻きで使うサーフェスクランクとしても優秀。潜りたいのに潜れないというくらいの高浮力なので、潜らせての使用よりも、引き波を立てての表層使いがオススメ。尻尾が生む微波動も魅惑的です。優れたキャスタビリティでアキュラシー性能も高いので、障害物狙いのピンスポット撃ちなどでも活躍してくれますよ

フットルース（バンディット）

ワンマイナスと並ぶ定番中の定番。ちなみに、フットルース派、ワンマイナス派、どちらかと聞かれれば、ワタシは見た目でワンマイナス派です。ゴメンナサイ。でも、多く釣ってるのは断然フットルースなんですよね（笑）。製造時期によって、アメリカ製、メキシコ製、中国製があるようで、「どれがいい」みたいな議論もありますが、個人的には使い所が重要だと思ってるので気にしてません。水面下よりも、どちらかというと表層使いが基本になります

3DSクランクSSR（ヨーヅリ）

かつてDUEL在籍時にプロデュースさせていただいたSSRクランクです。元々は表層での使用に重きを置いていたのですが、使い込んで行くうちに水面下の威力を目の当たりにし、方向性をサブサーフェスねらいにシフトした思い出があります。何度でも言います。ソルト（とくにクロダイ）でバズって、「バスは釣れないけど、チヌは釣れる」みたいな言われ方をしたりもしましたが、バスも非常によく釣れます！

クラシカルリーダーSSR（ラッキークラフト）

日本バスフィッシング界のレジェンド・下野正希プロ監修モデル。実を言うと、初めて使ったときはワンマイナスなどのようにブリンブリンな表層ウェイキングをイメージしていたので、そのアクションのヌルさ（←ワンマイナスに比べてという意味）に拍子抜け。しかも少し早く巻くとすぐ潜るし……。でも、本当は潜らせて巻くのが正解なんだとわかってからは、めちゃくちゃ釣れるようになりましたね。自分的サブサーフェスクランキングの礎を築いてくれたルアーです

コンバットクランクSSR（エバーグリーン）

バスブーム世代なら一度は使ったことがあるであろう名作ルアー。元々、ワンマイナスを意識して作られたというだけあり、射程レンジは表層〜水面下30㎝。（当時の）日本のフィールド事情を加味してか、強過ぎないアクション設定になっていて、プレッシャーの掛かりやすい野池などの小場所やメジャー釣り場でもよく釣れましたね。……というか今でも普通によく釣れるルアーなので、タックルボックスの肥やしになってる人は、再発掘して使ってみて下さい！

ナミダくん（ビバ）

自分の連載でも幾度となく取り上げてきた、俺的殿堂入りルアー。ナミダくんを投げる初心者の子にコテンパンに釣り負けた経験が、自分のSSRに対する探究心に火をつけたと言っても過言ではありません。廃盤になってしばらく経ち、最近は中古屋さんでも見つけるのが難しくなってきました。というわけで、再販を期待したいところ。PE＋スピニングのタックルが進化した今だからこそ、こういうルアーが再び注目を浴びても良いと思うんですが、いかがでしょう？

遊び心があって、よく釣れる。これぞルアーの鑑！

すよね？

あとは効率の問題です。食わせに特化させたいなら、同じ水面直下でもホバストやソフトジャークベイト、シンキングプロップなどいろいろ選択肢はあります。それでもサブサーフェスクランクを使うのは、とにかく広いエリアや長いストレッチをサーッと探りたいとき。リザーバーのバスがクルーズしてきそうなバンクや、長大なテトラ帯、水面付近までトップが伸びたウイードフラットなんかは最適なシチュエーションです。

季節的なことを言えば、春はルアーのシルエットにシビアなことが多いので、アフターから11月中旬までです」

普段、『朝イチにトップで釣れなかったから、ボトムでワーミング』というように、いきなりレンジを下げてしまいがちな人こそ、グッとこらえてサブサーフェスクランクというワンクッションを挟んでみてほしい。

琵琶湖北湖で使用頻度の高いサブサーフェスクランク「ヴィンター」。適度に水を逃がす強すぎないアクションが◎。これからウイードが水面近くに伸びてくるにつれ、サーフェスクランクはさらに有効になってくる。ぜひお試しあれ

22th LOVE!

こんなルアーでストってはいかが？

名古屋釣法にホンガリング、ミドスト、ホバスト、etc……と、古くから、デカバス狙い最強の一手とされるスト系（＝中層・操作系）の釣り。曖昧ゆえに高難度。スト系の釣りをマスターして、真のエキスパートを目指しましょう！

エリアトラウトで中層の感覚を掴む

冬はエリアトラウトの釣りが多くなるワタクシ。バス釣り方面の仲間からは、「所詮、釣り堀でしょ？」「そんな簡単に釣れる魚釣って、何が楽しいの？」てな感じで侮られがちですが……、いやいや、そんなことありませんよ。

管理釣り場と言えど簡単そうに見えてメチャメチャ奥が深いですし、バスなどほかの釣りにも生かせることがたくさん身に付くんです。実際、エリアトラウトを本格的にやり込むようになってから、バスの釣りで飛躍的にレベルアップしたことがあります。

それが、ミッドストローリングに代表される「スト系」と呼ばれる中層の釣り。

ちなみに「スト系」とは、ミドスト、ボトスト、ジグスト、ホバストなど、ルアーを中層で操る系の釣りのことです（勝手にそう呼んでいるだけですが……）。

で、どういうところがレベルアップしたかというと、何と言ってもレンジコントロールの精度。これまでミドストなど中層の釣りをやってきて、それなりにやれてるという自負はありましたが、基本的には感覚に頼る部分も多かったのが正直なところでした。

それがエリアトラウトをやるようになって、レンジを細かく刻む、しっかりレンジをキープするという意識が根付き、結果釣りの精度も釣果も上がったように感じるのは気のせいじゃないはず。エリアトラウトをやってるのも無駄じゃなかったということですね！

いや〜、皆さんも、エリアトラウト

やってみませんか!?　と……、寒くてバス釣りをサボり気味な自分を自己弁護。どうもスミマセン（笑）。

名古屋釣法やホンガリングなど、デカバスねらいのメソッドとして知られる中層の釣りは、今を時めくミドストやジグストという言葉が生まれる以前から存在していました。

中層でルアーを操るという曖昧さゆえ、さじ加減が難しいスト系の釣りですが、トーナメントシーンなどで他を圧倒する釣果を叩きだすこともしばしば。

一朝一夕でマスターできるほど甘くはないですが、年々難易度の増す日本のバスフィッシングにおいて、それを手駒として持っているかどうかは、釣果を大きく左右してくることでしょう。是非とも、スト系の釣りを極めていただければと思います。

というわけで、今回は自分がスト系の釣りにおいてブレイクスルーしたル

狙うはデカバスだけ。名古屋釣法の最重要ワーム

スキッターフィッシュ（ナバホ）

ギャンブラー・スタッドと並ぶ、名古屋釣法の最重要ワーム。素材も硬めでリブなどもなく、動かないのがデカバスに効くとされていましたが、修行が足りなかったせいなのか、自分はそこまでいい思いをしたことはありません(笑)。かつては、スラッゴーのパチモン的な感じで、廉価なワームとして売られていましたが、最近では、ヤフオクやメルカリなどでプレミア価格で取引されているんだとか……。ナバホだけに、インディアンもビックリですね

アライブシャッド（ロボワーム）

ミドスト黎明期から現在に至るまで実績を上げてきた歴史的傑作。リアル系ワーム隆盛な今でも、「アライブシャッドじゃなければ……」というベテラン勢は多いはず。いやいや、たとえ皆から過去の存在扱いされようとも、自分にとってのKing ofミドストワームはコレなんです！　タングステンヘッドのジグヘッド（リューギのヴェスパ）との組み合わせで使うようになって、以前にも増して破壊力が上がった気がするのは気のせい？

フラッシュJ（フィッシュアロー）

ミドストといえばアライブシャッド一辺倒だった自分に、新たな扉を開かせてくれたのがコレ。これ以前にも見た目がリアルなワームは多々ありましたが、その力の差を実感させてくれたのはフラッシュJが最初だと思います。ボディー内にインサートされたアルミ製リフレクターによるフラッシングと背骨がしなるようなサウンドが最大の特徴なのですが、自分的には、それによってボディー剛性が上がることもひとつのキモなんじゃないかと感じています

シルキーフライ（アルシアデザイン）

紀州をはじめとした、リザーバー系猛者たちの必釣テクニック。知る人ぞ知る、ショートリーダー・ダウンショットリグによるミドスト＆ボトストです。かつて七色貯水池最強ロコのひとりである城井勝央さんと同船させていただいたときに伝授してもらったんですが、その威力に圧倒されました。そのとき使われていたのが、このシルキーフライ。それ以来、自分のボックスから外れたことはありません。カラーは城井さんシグネイチャーの「城井スペシャル」で決まりです！

スティックシャッド（常吉）

若かりしころ、村上晴彦氏の釣りスタイルに憧れて琵琶湖通いしていた時代がありまして、そのころはこいつのジグヘッドリグばかり投げてました。勝手な思い込み＆勘違いで、村上氏の提唱する使い方ではなく、いわゆる名古屋釣法的な中層の釣りで使ってましたが、本当によく釣れましたね。ボートでの釣りがメインになってからも自分の釣りの主力でしたが、新品での入手が難しくなってからは、とんと御無沙汰。また使いたいですね～！

キビキビナ～ゴ（ジャッカル）

これはアジやロックフィッシュなど、ライトソルトゲーム用のワーム。専用のジグヘッド（キビキビダートジグヘッド）と組み合わせてダート釣法が本来の使い方ですが、自分は、チョット強めのシェイクで連続ダートさせて、ミドストの派生的なイメージで使っています。バスはいるけどバイトが出ない、そんなときが出しどころです。ワーム自体は小さいんですが、リアクション要素が強いため、意外にデカいバスも釣れるんですよ

自作フットボールジグ＋バイズフラッピンチャンク（ベイトブレス）

これは、自分的王道ホンガリング・コンボ。ジグは多分20年近く前に自作したものだと思いますが、ジグヘッドはキャリラバの物を流用。リニアな操作感を求めて、あえてシリコンラバーを少なめに巻くのがこだわりでした。トレーラーは、もともとビッグダディなどのポークを使っていましたが、ケアがめんどくさいので、途中からワーム素材のものを使うようになりましたね。バイズフラッピンチャンクやパカクローが個人的には好みです

アーを紹介させていただきます。サカマタシャッドやスクーパーフロッグ、スーパーリビングフィッシュ、グリマーなどなど、ナウい物の中にも衝撃的なスト系ルアーは多々あるんですが、あえてそこは外したチョイスにしてみました。

一部思い出枠アリですが、比較的雑な操作でも釣れちゃう系のルアーばかりなので、「スト系は苦手なんだよな～」という方は試してみて下さい！

自作スモラバ＋ハンハントレーラー
(常吉)

スモラバの中層スイミングは、ハイプレッシャー攻略の切り札としてお馴染みのテクニック。細イトでもサクッと刺さってくれる細軸フックを使用したものが有利だと考えていますが、思いのほか選択肢が少ないのが悩み。市販品を購入できない場合は、自作品で対応することもあります。トレーラーはやっぱりハンハントレーラー。水平姿勢もキープしやすいですし、中層スイミングでの使いやすさは、いまだに最強だと思います

スカーテッドツインテールグラブ
(CHOMPERS)

ハンパないガーリック臭がヤル気にさせる、ゲーリーヤマモト・フラグラブのそっくりさん！(笑)。ド素人さんがアンバランスなタックルで適当に中層を引いて来てもバカスカ釣れるという、謎の魔力を持っているワームです。かつて、その真価を確かめたくて使い込んでみた結果、ジグヘッドリグのシェイク巻きでよく釣れることが発覚。今思えば、かなり大味なスモラバの釣りと、言えなくもないような……

ワグズスティック(MT'Sベイト)

カテゴライズ的にどうなのかはさておき、ジグヘッドワッキーとミドスト＆ボトストは同系統の釣りだと思っております。……で、個人的にジグヘッドワッキーといえば、こいつがNO.1。もちろん、ほかのワームもいろいろ使ってきたんですが、比重、シェイプ、素材感のバランスがよいためか、これがダントツで使いやすいんです。よく「どこで買えますか？」という質問を受けますが、MT'Sベイトさんのネットショップで購入可能です！

スワンプクローラー(ZBC)

スワンプ・ネコというとボトムの釣りのイメージですが、自分の場合は、ミドスト的に中層スイミングで使うことも多いです。基本、ロッドは横さばきで、シェイクというよりは強めにジャークしながら中層を泳がせる感じですね。完全なオープンエリアよりも、ウイードや立ち木、岩など、障害物の陰に潜んでいる魚を中層に呼び出して食わせるイメージで使います。なかなか釣れるテクなので試してみてください！

23th LOVE!

毒か薬か⁉ ブレードの効能

キラキラ輝くフラッシングで、波動で、擦れ合うサウンドで、フィッシュイーターの本能にスイッチを入れる！ そんなブレードベイトの魅力をご紹介。なんだかんだ言っても、やっぱりバスはブレードが好き！

ブレードが生むもの

ブレードの特徴とはなんぞや？ というと、まず一番に思い浮かぶのが、キラキラと輝くフラッシング。これまで長い間ルアーフィッシングをやってきて思うことは、バスに限らず、多くのフィッシュイーターは、概ねブレードのキラキラが好きだということ。

同時に、ブレードが生む波動も集魚効果においては重要な役割を果たしていますが、フィールドの状況や魚のコンディションによって、その強弱によって効果に差が出ると感じることも少なくありません。

たとえば、コロラドブレードとウィローリーフを比べると、コロラドのほうが振動が強め。ゆえに、リアクションバイトを誘発する力も強く、濁りの入った状況などでも存在感を失わずアピールすることが可能ですが、クリアな水質の釣り場やバスがスプーキーな状況では、アピール力が強すぎて、逆に魚に警戒心を抱かせてしまうようなこともあります。

また、ブレードの発する音も見逃せないファクターです。たとえばビッグバドのように、元々、音を鳴らすという目的でブレードを装着しているルアーもあり、サイトフィッシングで使っているときなど、ブレードの奏でるサウンドで明らかにスイッチが入ってバイトしてきたという経験は多くあります。

ただ、かつてノーマルのビッグバドとブレードを取り外したバド（いずれも同色）で、どういう違いがあるか釣り比べたことがあるのですが、結果どちらのバドでもバスを釣ることはでき

コロラドブレードの強波動+ソフトボディが生む独特の生命感

ジャンヌダルク
（トリニティ・カスタムベイツ）

ありそうでなかったソフトボディのテールスピンジグ。ボディー素材は多分エラストマーだと思うんですが、引き感はキチンと残しつつもブレードの振動を適度に和らげ、更にボディー自体を細かく振動させるというのが唯一無二。それでいて、アピーリーになり過ぎないので、プレッシャーにも強く、バイトが続く印象です。シンカー装着でディープも攻めれるので、琵琶湖北湖やリザーバーのガチ攻めでも使い込んでみたいですね

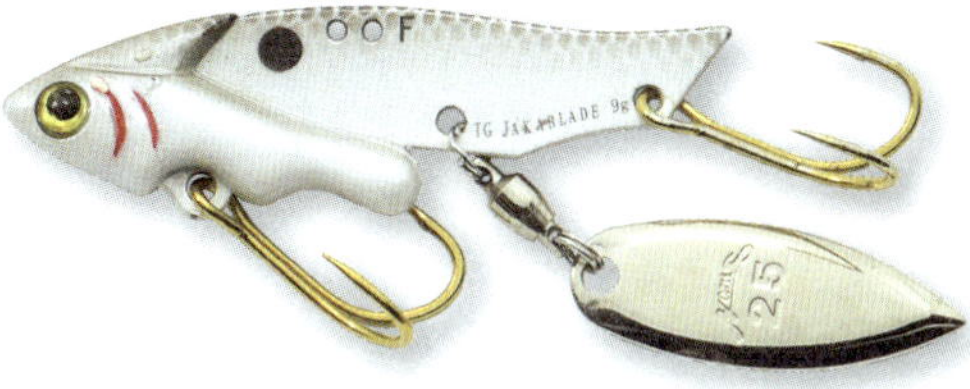

TGジャカブレード（ノリーズ）

ボディーにブレードが付くことで立ち上がりがよくなり、通常のメタルバイブよりもさらに小刻みなリフト＆フォールが可能。さらに、スイミングやテンションフォールの際にブレードのフラッシングでアピールできるというのも、このルアーならではの強み。見た目のイメージに反しライントラブルも起きにくいし、どんな釣り場でも使いやすいルアーです

ハイバースト3.6g（ヴァルケイン）

秋の琵琶湖・北湖名物とも言える数釣り。普通はライトリグや小型ミノー、I字系などでやる人が多いですが、個人的にオススメなのがトラウト用スプーンでの釣り。昨年、エリアトラウト・トーナメンターの方とガチでやってみたんですが、20分でふたり合計50〜60尾という驚愕の釣れっぷり。スプーンは2〜3.5g前後が扱いやすく、魚の反応も持続しやすい気がします。小バスが湧いている野池なんかでも面白いと思いますよ

ました。しかし、ブレードなしのバドに比べて、ノーマルのビッグバドのほうが、明らかにバイト数が多かったんです。

　両者の違いはブレードの有無のみ。それによるアクションの差は多少あるにせよ、基本的にはブレードの生み出す要素、フラッシング、音、波動などが、バスのヤル気にスイッチを入れているということは間違いないでしょう。

後付けブレードはセッティングに注意

　とはいえ、そんなブレードのパワーも、いつでもどこでも有効というワケではありません。クリアアップしてバスの警戒心が強くなっているような状況では、アピール力が強すぎるがゆえに苦戦してしまうこともあります。数日前までは適度に濁りもあり、スピナーベイトにガブガブ食べてきていたような状況でも、当日は全くの無反応な

AR-S（スミス）

霞の帝王・本山博之氏の遺作にして超スーパーウルトラ傑作（←言い過ぎではない）。スピナーというとトラウト用のイメージが強いんですが、バスにも非常に効果的。とくにスレた釣り場で効くイメージが強いですね。AR-Sの最大の持ち味は、ブレードの立ち上がりの速さと回転性能。また糸ヨレも少なく、非常に扱いやすいのも特徴。バス用にチューンされたモデルもあるんですが、現行では7gのモデルしかないので、自分はトラウト用のモデル（3.5g ～ 4.5gあたり）を愛用しています

プロリグスピン（ノリーズ）

かつて尊敬する先輩プロに「アメリカで見つけたすごいルアーがあるんだよ。何をやっても釣れないときでも、そのルアーだけはガバガバに釣れるんだぜ～！」と教えられたのが、チャチな造りのクラッピー用アンダースピンジグでした。その後、ほどなくして発売されたのが、このプロリグスピン。さすがノリーズがセットアップしただけあって、本家以上の扱いやすさと信頼感。使い方も簡単でよく釣れるのに、このマイナー感はナゼ……？

ビッグバス（ブルーフォックス）

ブレードの色を細かく使い分けるきっかけになったのがこのルアー。20年以上前、初冬の霞ヶ浦での出来事。全く同じモデル・ウエイトのスピナーベイトで、ゴールドやシルバーなどの光モノは全然駄目。だけど、この白ブレードだけは連発ということがあり、ブレードカラーにこだわるようになったんです

んてことも。

　ちなみに、ブレードスピンのように、ワームに後付けできるブレードは、元々強い波動を持ったワームなんかだと、ブレードのパワーと相殺しあって波動自体が弱くなったり、その動きを抑制してしまったりということもあるので、組み合わせる際は注意が必要です。

　たとえばバスエネミーにブレードスピンを装着したものは、テールパーツの水押しが強すぎないということと、適度にボディーの長さがあるので、テールの波動の影響を受けづらい位置にブレードスピンを装着すればOK。これがパーツがブルンブルン動くような小ぶりのクローワームだと、ブレードの装着位置次第では、お互いの動きを殺し合い、ブレードが動かなくなってしまうこともあるんです。

　この原則はハードベイトでも同じで、ブレードを後付けすることにより、ルアー本体のアクションを抑えたり、同

時に移動距離を抑制したりすることも可能になります。

　フラッシングや波動、サウンドなどのアピール力ばかりがクローズアップされがちですが、この抵抗による制動力も、ブレードの持つ大きな特徴のひとつ。

　……という感じで、ブレードについて徒然なるままに書きつつ、自分的にブレードのパワーを実感したルアーをご覧下さい！

ダイラッカ（ノリーズ）

世界中のバスフィッシングファンに衝撃を与えたビッグスプーンの釣り。その本流は、世紀の名作、ベンパーカー・マグナムスプーンなんですけども、日本国内という視点では、やっぱりこのダイラッカじゃないでしょうか。イメージ的にとっつきにくい感じがしますが、実は、テンションフォールさせてしゃくるだけのシンプルな釣り。圧倒的なパワーでハイクオリティーな魚を呼んでくれるので、タフな時こそ出し所です

ビッグバド（ヘドン）

かつて実験したことがあるんですが、バドはブレードがなくても普通に釣れます(笑)。でもブレードが付くことで、とんでもない魔力を持つんです。たとえば、真夏の真昼間、ほかのルアーには見向きもしないバスが、カションカション音を立てるバドに猛突進してくるというような様を、幾度となく見てきました。個人的に、チャートがダントツで高実績。ノーマルのままでもいいんですが、個人的に、ブレードをノリーズのVブレードに交換するのがお約束です

ブレードクロスベイト（ラッキークラフト）

直線軌道を基本としながらも、ブレードのきらめきとバイブレーションでバスにアピール。一般的なＩ字系ルアーやシンキングタイプのプロップベイトなどとは違う力を持つ、もうひとつのＩ字系ルアーと言えるでしょう。３つのボディーサイズが用意されていますが、いずれのモデルも、富士五湖などのハイプレッシャーレイクで高い実績を誇るビッグフィッシュキラー。知る人ぞ知る存在である今こそが、まさに使い時。個人的には、70㎜モデルのビースイムトリガーが好きです

イガジグスピン（ジャクソン）

五十嵐誠プロのウィニングルアー“イモジグスピン”を元に生み出された、ガチで獲りに行くためのルアー。使いどころは、ワカサギなどのベイトが多い状況での中層攻略。ちょっとやそっとじゃルアーに反応してくれないというようなときでもバイトを引き出せるのが、このルアーの凄さ。スモールマウスのイメージが強いですが、ラージにも効きます。小さい割によく飛ぶので、琵琶湖などのビッグレイクでも武器になりますよ

スピンソニック（ウォーターランド）

霞ヶ浦釣行の折、潮来釣具店に立ち寄り、ミラクルジムに「コレが釣れるよ～！」とスピンソニックを勧められるルーティーンがたまらなく好きでした。でも～、確かによく釣れるんだけど、当時は下手だったので根掛かりも多くて、結局ワームばっかり使ってしまうという流れが、毎度のお約束でしたね。発売から30年くらい経つんでしょうか？　大きなモデルチェンジもなく売られ続けてるのは本当にスゴイ！　久々に北利根川でブン投げたいですね～

信じる者は救われる？マル王様印のスピンテールジグ

バイブス（フラッシュユニオン）

世にも珍しいカバー撃ち特化のコンパクトスピナーベイト。その謳い文句どおり、カバー撃ちでの使い勝手は言うまでもありませんが、普通に巻いてもよく釣れます。個人的に、カバー撃ちならベイトフィネス、巻きで使うならスピニングPEがオススメ。4gという軽量でありながら、極小ボディー＋タングステンウエイトでキャスタビリティも意外に高いので、野池なんかで使えばかなりの無敵感を実感できると思います

ブレードスピン（エコギア）＋バスエネミー（エバーグリーン）

ソルトゲームでは定番ともいえるブレードスピンですが、バスフィッシングでの目立った活躍と言えば、ちょっと前に琵琶湖でプチ流行したブリトロくらい？　大きな可能性を感じるので、今後もさらに掘り下げてみたいと思います

小さい海馬55（痴虫）

「ブレード」のテーマを伝えられて、真っ先に頭に思い浮かんだのが海馬でした。と言ってもきちんと使い込んだことはないんですけどね……(笑)。でも、光、音、波動、制動力など、ブレードの持つ能力をフルに考えられて造られているのは見るだけで伝わるし、実際に使ったら、やっぱり素晴らしいルアーだなと。FUNNYな見た目の裏に隠されたガチな機能美。ルアーフィッシングの醍醐味がテンコ盛りですね

KJジグスピナー（カハラジャパン）

「若い頃、ジグスピナーよく使ったな〜」という貴方は、きっとワタクシと同じ、バス釣り20年〜30年選手。当時は「スピナーベイトよりも安いから」くらいの理由で使ってましたが、今なら効果的な使いどころも理解できます。このKJジグスピナーは、ワイヤーの細さと形状がキモ。良い塩梅のバイブレーションで扱いやすく、よく釣れるんです。トレーラーはサワムラ・バレットやセンコー等の高比重系ワームがオススメです

ステルスセブン改（ジークラック）

自分自身、元々アラバマリグはあまり好きではなかったんですが、琵琶湖・北湖をホームとするようになり、必要に迫られて使うようになりました。これは７本アームのステルスセブンをベースとして、ブレードチューン＆ワンフック仕様化したもの。全身ブレードだらけなので、もはや、どでかいスピナーベイトのようになってますが（笑)。ベイトが多すぎて全然ルアーに反応してくれない、というようなときの破壊力は別格ですね

24th
LOVE!

私が愛したフォールベイト

フォールベイトは、文字通りフォールで釣るためのルアー。動作的にはシンプルだけど、ゆえに、ルアーの持つポテンシャルが釣果を大きく左右する。シンプルだけど奥深い、フォールベイトの世界をご堪能あれ。

フォールシェイカー
(ゲーリーヤマモト／フィッシュアロー)

七色貯水池に釣行した際に、「これの6.4in、5.5inをノーシンカーで沈めるのが七色の定番！」と地元猛者に教わったのが使い始めたキッカケ。プレッシャーの掛かった状況でもよく釣れるので、ワーム自体が何か特別な魔力を持っているような気すらしますね。かなりスローな釣りなので、確証の持てる場所以外では投げられませんけど……

バックスライドクラーケン（ジャクソン）

自分の場合、バックスライド系のスライド幅に関しては、実はそれほど重視してないんです。それよりも、カバー周りでの使用でストレスを感じないということの方が重要。ファットイカもよく使うんですが、こちらの方が素材が硬くてフックのホールドがいいので、濃い目のカバーを攻める場合は必然的に出番が増えますね

フローティングエアフライ
(リバーサイドルアーズ)

中高生の頃に見たヒロ内藤氏出演の釣り番組（ビデオだったかも？）で、半分に折った五寸釘をぶち込んだエアーフライのワッキーリグをリフト＆フォールさせて、琵琶湖でドデカいバスを乱発しているというのがあったんです。近所の釣り場で真似してみたら、すごく釣れて。これが、自分のワッキーリグ（ネコリグ）原体験。
いい思い出です

スレンダーグラブ（ゲーリーインターナショナル）

かつてセンコーが発売され一大ブームを巻き起こしているなか、「センコーにテールがついているんだから、こっちのほうが２度美味しいじゃん!?」的なセコい考えで、頑なにスレンダーグラブを投げ続けていたワタクシ。でも、フォール合戦では毎度センコーに釣り負けてばかり。適材適所が重要だということを学びました……

トライアングルスティック（ポパイ）

バスバブル時代の仇花にして、早すぎた天才系ワーム。三角断面でフックを刺す位置によってフォールのアクションを変えられるというのが、こいつの最大の持ち味。ワッキー掛けもよいですが、オフセットフックでのセッティングもいい感じ。ヤマセンコーとかよりもバスを呼ぶ力が強いように感じていたので、オープンエリアで使うことが多かったです

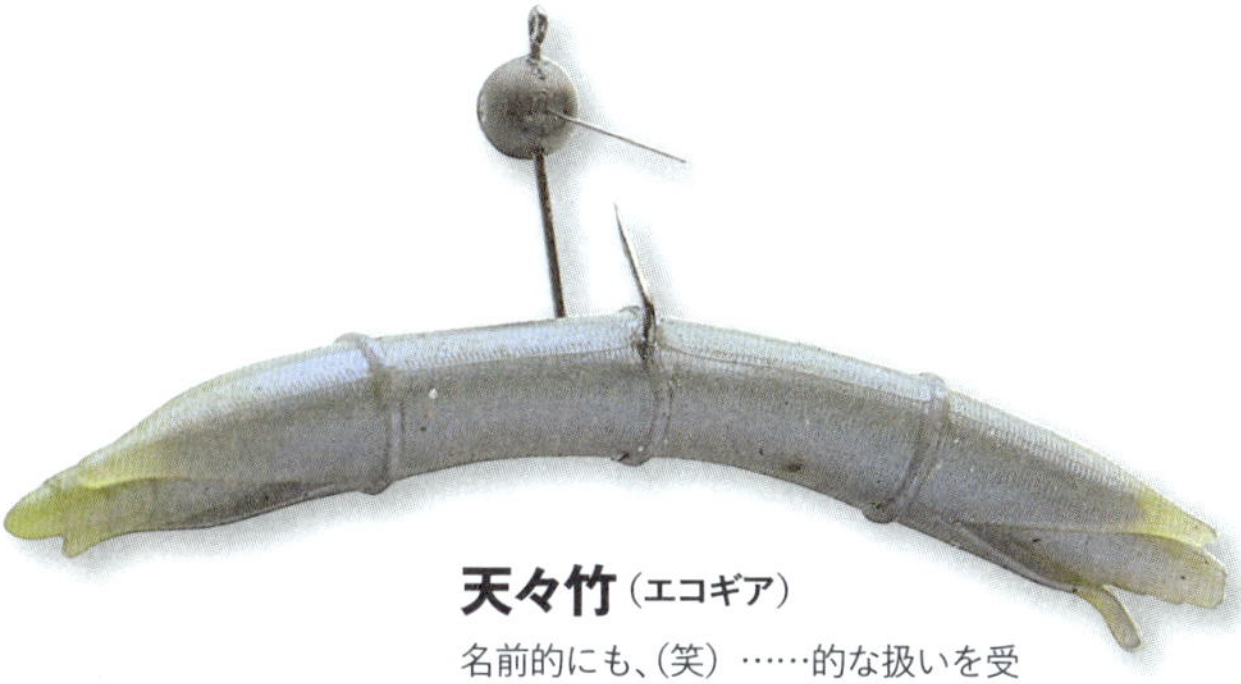

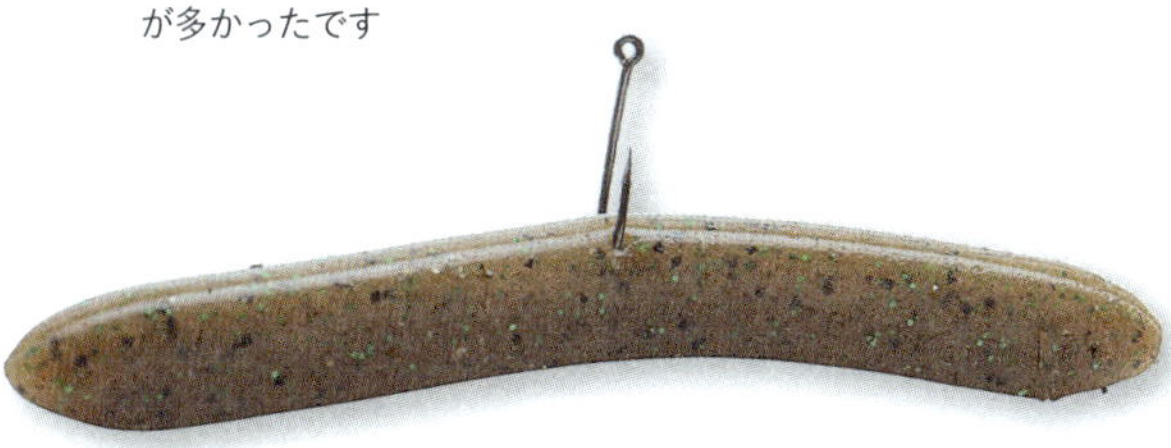

天々竹（エコギア）

名前的にも、(笑）……的な扱いを受けることが多かった悲運のワームですが、実は極めて高い釣獲能力を備えている奇跡のワームでもあります。ノーシンカーワッキー、ジグヘッドワッキーなどのワッキーセッティングで使うのが基本ですが、フックの刺し位置によって動きが変わってくるので、１個のワームで多彩なアクションを演出できるんですよね

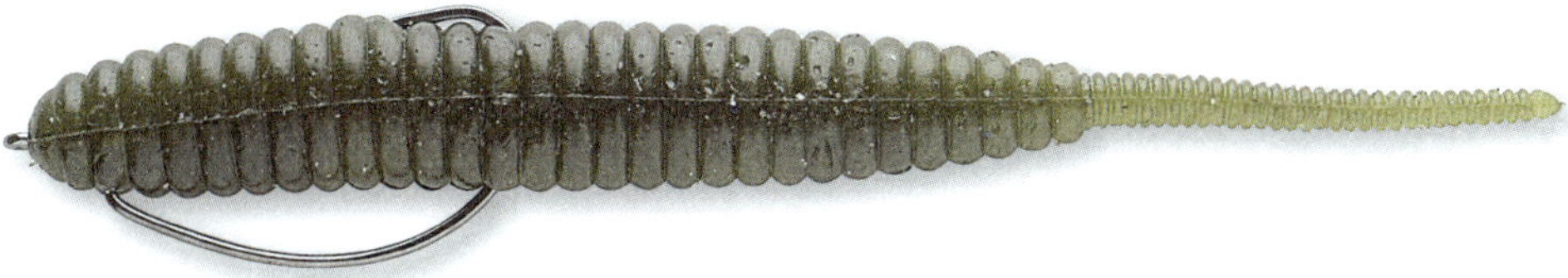

デスアダー6in（デプス）

初めて見たとき「なんだ、このアレみたいな形のワームは……」と思っていたんですが、うちの兄がこれですごく釣りまくっていて、真似して使ってみたら、ビックリするくらいに釣れまくり。それ以来、完全にトリコになりましたね。とくにカスミ水系のオカッパリではいい思いをたくさんさせてもらいました。もちろん今でも超一軍です！

ベビーブラッシュホッグ（ZBC）

テキサスリグによるカバー撃ちを体得させてくれたのがこいつ。デカいバスも可愛いバスも、フィールドを問わず釣らせてもらいました。もちろん、いまも現役バリバリの1軍登録ルアーです。基本、ワームはパッケージのまま保管しているんですが、ベビーブラッシュホッグとブラッシュホッグだけは専用のプラノ（ボックス）を作るほど溺愛していますね

クリンクルカッツ（ポパイ）

これぞ、バスブームを象徴するマスターピース！ 1/16ozのジグヘッドリグとの組み合わせが鉄板でしたね。下野プロの赤、吉積プロのプロブルー、今江プロのババスラ、みたいな感じのプロ推しカラーもありましたが、自分の場合、赤は全然釣れず……。藤木プロのビデオ『ザ・ガイド』の中で藤木プロが推されていたスモークプロブルーが一番好きでした

ブッシュソーセージ（シマノ）

これまた、バスバブル時代の仇花。ガラス粒子配合でセンコーよりも高比重。よく飛んで、速く沈む。トップクラスに硬質なマテリアルでフックのズレも最小限。まさに、名前どおりのカバーゲーム最強ワーム！ と、思いきや、正直、これでいい釣りをした記憶はないんです……。でも、あの当時って、みんなすごい熱量で、このくらい攻めてるモノ作りしてましたよね。ホント、いい時代でした

ウルトラバイブスピードクロー（ZBC）

トッププロにも愛用者の多い名品中の名品ですね。シンカーが重くないと腕が動かないというのは誰もが知るところですが、実は、腕が動かなくても全然釣れちゃったりします。というか、何も知らない時分、5gとか3.5gとかの軽めのシンカーで使って、よく釣っていました。無知とは恐ろしいものです（笑）

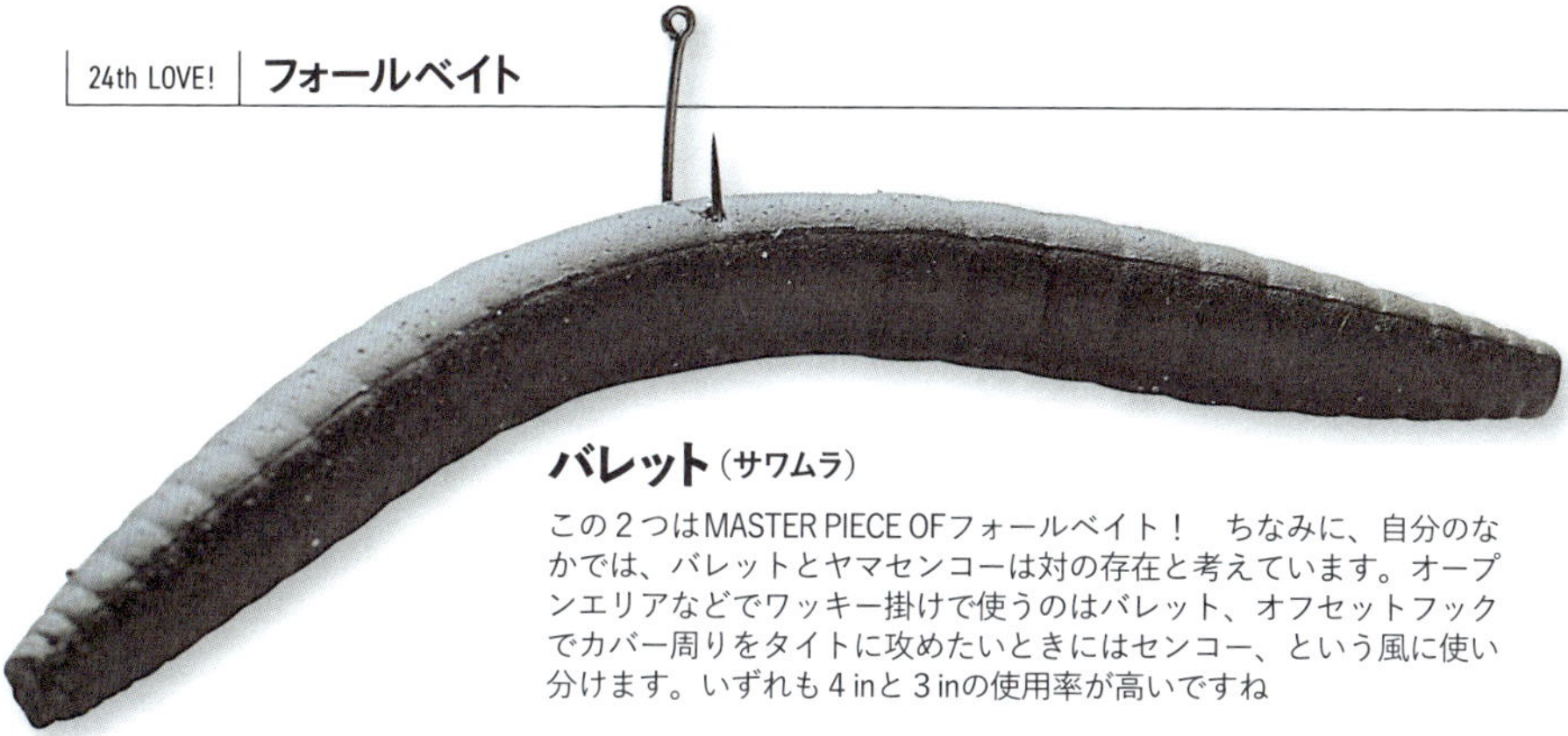

バレット（サワムラ）

この２つはMASTER PIECE OFフォールベイト！　ちなみに、自分のなかでは、バレットとヤマセンコーは対の存在と考えています。オープンエリアなどでワッキー掛けで使うのはバレット、オフセットフックでカバー周りをタイトに攻めたいときにはセンコー、という風に使い分けます。いずれも４inと３inの使用率が高いですね

ニンジャ的使用率＆実績NO.1

ヤマセンコー（ゲーリーインターナショナル）

ナパーム（ストラッグルアーツ）

元々はヒョロッとしたテールがついているんですが、カットして、オフセットフック逆付けセッティングでイモグラブ的に使います。フォールする際に、微妙にふらつきながら沈んでいくんですが、それがとてもいい感じなんです。廃盤になって久しいので、入手するのが難しくなっていますが、中古屋などで見つけたら是非GETしてみてください。釣れますよ～‼

オゴチュー（ベイトブレス）

かつてのバスブーム・トーナメント激戦期に名をはせた巧者・尾竈政宏氏プロデュースの名作ミニチューブ。ミニチューブといえば、ジグヘッドリグのスパイラルフォール。スパイラルフォールで釣ったとか、最近、全然聞かないな……、なんてことは置いといて、当時はホントによく釣れたんです。久々に取り出したら、猛烈にミニチューの釣りがやりたくなってきました（笑）

スワンプクローラー（ZBC）

ボトムズル引き、中層スイミングと、多彩な使い方ができるネコリグですが、自分的には、無防備にスーッと落ちるフォールもまた、ネコリグの大きな持ち味だと思っております。そのうえで過剰な波動を発生させるリブや突起などのないスワンプクローラーはひとつの理想形。色々なストレートワームを使いますが、困ったときはスワンプを取り出すことが多いですね

25th LOVE!

デカイは正義！ビッグルアー

ビッグベイト＝ビッグフィッシュはデカバス狙いの不文律。デカいバスを釣りたければ、デカいルアーを使うべし！ということで、ビッグベイトも含めたBIGなルアーをクローズアップ！

大きいことはいいことだ

ビッグベイトという存在が定着して以降、ルアーの大きさに対しての感覚が大きく変わってきたように思います。もはや、ジョインテッドクロー178程度では大きく感じなくなってしまった方も多いのではないでしょうか？

とはいえ、初心者やバスフィッシングに馴染みのない方にとっては、100㎜オーバーのプラグや6inくらいのワームですら、「大きい」と感じることでしょう。

今となっては特別大きいとは思わないのですが、自分がバスフィッシングを始めた当初は、ザラスプークやギドスリンガー（9-1/2in）なんかでも、「デカいルアーだなぁ」と感じていたものです。

その感覚を打ち破った原体験は、学生時代。大阪の淀川で釣りをしていたとき、上流から流れてきたコーヒー牛乳の紙パック（500㎖サイズ）を、50㎝を超えるバスがバクっと丸呑みしたのを見てから。

その後、泳いでいるヘビを丸呑みする場面や、喉の奥から水鳥の足が出ているのを見たりするたびに、「ルアーって、もっとデカくても全然いいんじゃない？」という思いが強くなり、今に至ります。

デカいルアーはその存在感から、バスからも見つけてもらいやすいというのは間違いありません。それゆえに、広範囲に散っているバスを釣る、遠くにいるバスを呼ぶ、あるいはデカいバスやヤル気のあるバスをねらって獲るという点では、大きいことはこのうえない武器になり得ます。

今となっては全くデカく感じませんが……

デスアダー6in（デプス）

またかよ！　って言われそうですが、またです（笑）。8inが最大サイズですが、あえてオリジナルモデルの6in推しで。ビッグベイトが普通の存在となった今ではまったく大きく感じませんが、これが発売された当時は「どでかいワームが出たな！」と衝撃を受けた人も多かったと思います。なんだかんだで、ノーシンカーほっとけが最強。今や少ないとは思いますが、もし使ったことない人がいればぜひ！

ブルービー（ワンスタイル）

一大ムーブメントとなったデカ羽根モノですが、そのなかでも個人的に好きなのがコレ。実のところ、このルアーを作った門ちゃん（かつて広島にあったショップ・スマイルの店長さん）にシンパシーを感じるというのが1番の理由ではありますが……（笑）、なぜか、ほかの同系統のルアーよりも高実績なんですよね。着水後、動かし始めのバイトが多いことからも、独自の発泡素材と平べったいボディー形状が生む着水音がいいんじゃないかと、個人的には思っています。どこのフィールドでも使える現実的な大きさも素敵です

初使用から数投で50UP！からの連発劇で即殿堂入り

しかし、実際に有効打を繰り出す武器として用いるためには、ただ漫然とぶん投げるだけではなく、それ相応の出しどころが重要になります。

その辺りは、雑誌やユーチューブなどを観てイメージを膨らませていただくとして……、今回は、BIGルアーにまだコンフィデンスを持ち切れていない貴方にオススメのルアーを紹介します。

自分のバスフィッシング歴のなかでも高実績かつ、経験の浅い人にも比較的扱いやすいモノかつ、現状比較的入手しやすいモノ（一部例外もありますが）を集めましたので、参考にしてください！

モンスターダーツホッグ（ジャッカル）

このワームが発売されたのは20年近く前だったでしょうか？　初めて見たときは「こんなデカいホグ系どこで使うんだ？」と思ったものですが、使ってみると、意外に40㎝前後のバスも普通に釣れてしまい、逆に驚いたのを覚えています。かつてはテキサスで多用していましたが、今はヘビダンやフリーリグで使うことが多いですね。コスパは少し悪いですが……(笑)、今でもここ一番というデカバスねらいの際の先発メンバーです。シルエットが大きいだけでなく、自重が重くて水押しも強いので、しっかり存在感をアピールできるのが強みです

ハードコア バレットクランク7＋100F（デュエル）

10XDやショットオーバー７など、良作揃いのスーパーディープダイバーのなかでも後発なだけあり、痒い所に手が届く作り込みが光る逸品です。7m潜る大型クランクベイトとは思えないほどの軽快な巻き心地が最大の持ち味。もちろん、それ相応の引き抵抗はあるんですが、心折れず１日巻き通すことができるスーパーディープクランクってなかなかありませんからね。普通のディープクランクタックルで扱えるので、「初めてこの手の釣りをする」という人にもオススメできるルアーです

デビルロブスター（ワンナック）

これは完全なる期待枠にして、読者の皆様への問題提起(笑)。見た目はドライブクローの亜種みたいな感じですが、全長14㎝、自重46gの巨大なタコ用ワームです。こんな破壊力満点なビッグワーム、バス用でなかなか見たことありません。自分自身、実際にこのルアーでバスを釣ったことはありませんが、琵琶湖がホームになった今となっては、釣れる気しかしません。このほかにも、ソルト用のルアーのなかには、「これ、バスにも効きそうだなぁ」というモノがいろいろあります。新たな扉を開くために、他ジャンルのルアーに目を向けるというのはアリだと思いますよ！

アマゾン（エバーグリーン）

その名のとおり、今江克隆プロがアマゾン遠征用に開発したのが原点。今やシーバスで大人気ルアーになってしまいましたが、バス釣り界隈では、それほど評価を受けていないような気がするのは気のせいでしょうか……。圧倒的な遠投性能を生かし、遠方のボイル撃ちや、ハスなど大きめのベイトを捕食しているデカバスをねらい撃つというのは、このルアーだからできる釣り。捕食モードに入ったバスは高速巻きで狂ったようにバイトしてくるので、小難しいロッドワークは不要。琵琶湖など、有効なシチュエーションは限られますが、ぜひ試してみていただきたい！

フリップギル5in（ノリーズ）

フリップギルのネコリグは、房総界隈の猛者たちの間で広まった、知る人ぞ知る爆釣メソッド。自分自身、この釣りを教えてもらったときは、その圧倒的なデカバス捕獲力に唖然としました。その後、全国のいろいろなフィールドで試してみましたが、アベレージサイズの大きい琵琶湖や紀州のリザーバーはもちろん、野池などの小場所や野尻湖などのスモールマウスレイクでも効いたので驚きました。今をトキメク伊藤巧プロが「バウバウ」という名称で紹介して、ネット動画などもあると思います。チェックしてみて下さい！

ホットスポット（コットンコーデル）

これはその昔、仲のいい先輩が琵琶湖でコテンパンに釣りまくってたシークレットベイトなんです。一見普通のスーパースポットですが、実は実測で約11㎝、50gくらいと、一般的なバス用バイブレーションの2倍くらいある大きさと重さです。普通のバス釣り脳では、まともに使える気がしませんが、超高速引きで使うと、その重さのカウンターパンチでウイードを押しのけて（引きちぎって？）行くので意外にストレスなく使えて、サイズ問わずよく釣れました。今でも全然釣れると思いますが、素敵な思い出が壊れるのが怖いので封印してます（笑）

ハードコア ミノーフラット130（デュエル）

かつての高滝湖春爆伝説以降、130㎜サイズのビッグミノーと言えばルドラ（O.S.P）のひとり勝ちという感じですが、そこに風穴を開けたくて作ったのがコレ（笑）。より強いフラッシングと色調変化、キレのあるアクション、逆風に強いキャスタビリティー、そしてコスパと、贔屓目なしにいい仕事してると思います。SPに関しては優に2m以上潜る潜行能力なので、冬でも強い武器になります。ワンテン（110㎜）クラスがスタンダードとなった今、もはやデカさは感じませんが、一応ビッグミノーということで……

今でもギリギリGET可能なチョイ懐良品

ブロディー（バークレイ）

今となっては「大してデカくないじゃん」っていうサイズですが、このくらいの大きさが現実的に使いやすいです。逆向きのシャッドテールが浮き上がりを抑えてくれるので、琵琶湖北湖のように水深のある場所での操作性もいい。と言っても、ノーマルだとなかなか沈んで行かないので、ネイルシンカーをぶち込んでのウエイトチューンは必須ですが……。ビッグベイト黎明期のルアーのなかでは、比較的まだ発掘しやすいルアーなので、ぜひ探して使ってみて下さい

ボウワーム12in高浮力
（エバーグリーン）

紀州界隈の激定番アイテムとしてお馴染みですね。自分自身、それまでも琵琶湖なんかで10in超のロングワームは普通に使っていましたが、基本はネコリグでウイード絡みの使用がほとんどでした。それが、バスオブジャパンの試合なんかで七色貯水池に行くようになって、ローカルの人たちにロングワームをノーシンカー・ワッキーで使うというのを教えてもらって、衝撃を受けました。小さいワームには見向きもしないバスが、こんなドデカいワームを躊躇なく食べるんですからね。もう、魔力と言うほかないです

NZクローラー（デプス）

流行の波が落ち着いてから、遅ればせながら手を出してみました（笑）。琵琶湖北湖、とくにボート釣りの場合だと、なかなか羽根モノって出番が少ないんです。と言っても、釣れないからというわけじゃありません。メインベイトの傾向や広大なエリアに対しての効率を考えると、ペンシルとかウエイク系のルアーの出番が増えちゃうというだけで、実は使ってみると結構釣れるんですよ。とくにオカッパリの人はイイ釣りされてるみたいですよ

BLADE（GRAYZ）

今江克隆氏や村上晴彦氏も絶賛したという言い伝えが残る、伝説の鉄板ビッグベイト。ちなみに、製品版は綺麗にカラーリングされてますが、これ、GLAYZ代表の那須くんが「凄いの出来たから使ってみて〜」と送ってくれたプロトモデルなんです！　キテレツ感満載の見た目ですが、実際に使ってみるとよく釣れる。とくに、表層でのアクションと操作感は秀逸＆唯一無二。ウエイクベイトのようで、バズベイトのようで、魚を狂わせる能力を備えた凄いルアーです

SKTマグナム（ラッキークラフト）

こと、「水押し＆波動」という点に関しては、ビッグベイト以上のパワーを備えているマグナムクランク。一般的なジョイントタイプのビッグベイトよりもテンポの速い釣りが得意なので、琵琶湖などのようなビッグレイク攻略にもベストマッチです。琵琶湖だと南湖で使うイメージが強いかもしれませんが、北湖のウイードエリアでもかなりの破壊力を持っています。腕がもげるくらいの超高速巻きが効きますが、翌日は筋肉痛で使い物にならなくなります

イノーマスチューブ（レインズ）

通常のビッグベイトにスレたバスを獲るために開発されたとのことですが、初見のインパクトが凄すぎて、にわかには信じることが出来ませんでした……。が、実際に投げてみると、そのアクションの凄いこと。とくにボトムでのドッグウォークアクションなんかは、リアル過ぎるほどの生命感。逆に、これで釣れなきゃ嘘だと思えるほど。と、大絶賛しながらも、限定販売で再入手が困難そうなんで、根掛かりが怖くて実戦投入はしてないというオチ（笑）

懐かしの琵琶湖シークレットで体力の限界に挑戦!?

スーパートラップ（ビルルイス）

前ページではホットスポット（コットンコーデル）を紹介しましたが、こちらも忘れてはいけません。かつては、琵琶湖ガイドの前田純先輩がよく使っていらっしゃって、琵琶湖においては知る人ぞ知る存在のルアーですね。ちなみに、最近も何回かトライしてますが、40㎝くらいのバスが１匹しか釣れていません……（笑)。とはいえ、元々のデカバスポテンシャルは高いので、気合の入った御仁は、心中する覚悟で一日投げ続けてみて下さい

2019年の２月、極寒の琵琶湖北湖で釣った３kgオーバー。水中の岩の上をゆーっくり通すとドン！

ニンジャグライダー（デュエル）

ああ、今や懐かしのワタシの遺作です。とかく神格化されがちなＳ字系ビッグベイトの流れに一石を投じるために作ったんですが、理解される前に廃盤になってしまいました（苦笑)。速巻きではフラッシング＆色調変化でアピール。デッドスローで引くとＩ字引きも可能。小難しいことは抜きで、投げて適当に巻いてるだけで釣れるというのがコンセプト。実際よく釣れるんですけどね……。ウイードの少ない時期ならエブリタイムOKです

サカマタシャッド8in（デプス）

今や琵琶湖の定番となったサカマタ8in。普段から普通に使ってますが、改めて見るとデカい……。6inや5inも素晴らしいルアーなんですが、良いサイズのバスだけねらいたいというのなら、絶対に8inがマスト。最近は高比重タイプでのボトムジャークが人気ですが、ノーマルタイプの表層使いも外せません。南湖のイメージが強いですが、北湖でも使い所は多いです。とくに水面近くまでウィードの伸びたエリアなんかでは、無類の強さを発揮してくれますよ

KUMOKIRI（KAESU）

ナウいビッグベイトには反応薄めな自分ですが、これにはビビッと来ちゃいました！　樹脂製のコア部をソフトマテリアルでコート、ジョイント部にはメッシュシートを採用。……ってこれ、俺が作りたかったやつやん（笑）。ビッグベイトって、どこか空想的なコンセプトになりがちだけど、現実的に機能・性能に向き合ったモノ作りは、本当に素晴らしいと思います。実はまだ使い始めたばかりなんですが、可能性しか感じません。これからガシガシ使い倒してみたいと思います！

Ben parker Magnum Spoon
（NICHOLS LURES）

これぞ、ビッグスプーン・ブームの先駆け的存在。円安の影響もあってか、近頃はショップなどでも見かけることが少なくなってきましたが、いまだに熱烈なファンの多いルアーです。個人的には、ダイラッカくらいが使いやすくて良いかな？　と思いますが、ロマンを求めるなら断然こっちですね。オススメの時期はスポーニング後〜晩秋くらいの間。ライトリグは完全無視しているバスが狂ったようにバイトしてくることも多いですよ

26th LOVE!

冬をホットにする必釣ルアーたち

新しいルアーやメソッドの登場で昔よりも釣りやすくなった……とはいえ、相変わらず難易度の高い冬のバス釣り。ということで、冬に釣るためのお助けルアーをクローズアップ。あとは、努力と根性で乗り切るべし！

冬はバスにルアーを寄せる(当てる)べし

熱きバスアングラーである皆様にはオフシーズンなんてないのでは？

実際のところ、冬に釣り場で会うバスアングラーの数は、ひと昔前と比べてかなり増えました。冬の釣果も年々上がってきているように感じます。

その理由を考察してみると、冬バスの居場所や行動パターンについてのアングラー側の知識が増えたこと、冬バスを釣るためのテクニックやルアーが年々進化していること、というのが大きいのではないかと思います。

かつては、「冬のバスはディープの越冬場に集結してジッとしている」的な考え方が一般的でした。しかし現在、ワカサギなどのベイトが豊富な湖では、水温がひと桁台になってもアクティブにエサを追うというのが常識。そして状況によっては、真冬でもシャローが火を噴くことも珍しくありません。

もちろん、ハイシーズンに比べれば難易度は高いですが、考えて釣りをすればきちんと答えが返ってくる。そんな冬の釣りが自分は大好きです。

今回は、これまでの自分の経験をもとに、冬にいい釣りをするためのルアーをご紹介させていただきたいと思います。結果的に、過去に自分がプロデュースしたルアーが少々多くなってしまいましたが、それはまあ、御愛嬌ということで……(笑)。

最後に、参考になるかどうかわかりませんが、自分的冬バス訓をば……。

一、ベイトの存在は絶対。

一、定番場所は裏切らない。

一、ルアーはバスの目線に合わせる。

冬〜春の低水温期は赤いジャークベイト

ハードコア ミノーフラット130SP（デュエル）

ともすればモッサリした動きになりがちなビッグミノーですが、このルアーはビッグミノーらしからぬキレのいいダートが持ち味です。ただ巻きで２m以上、ジャーキングで2.5m以上潜らせることができるので、深いレンジをねらう低水温期の釣りにもベストマッチ。軽めのジャークでステイの間を取るほうがより深くまで刺さります。冬から春にかけて赤のジャークベイトが効くことが多いんですが、ラインナップにはないので赤いマジックで塗ってます（笑）

ハードコア ミノーフラット70SP（デュエル）

ワカサギなどのベイトが多いエリアのバスは、冬でもとてもアクティブ。しかし、エサが豊富な場合はルアーを見切ってしまうことも多く、リアクションでスイッチを入れるルアーのほうが釣果を出しやすい場合も多いです。このルアーのウリは、レスポンスのいい泳ぎとキレのあるダート。そして、フラットサイドボディーから生まれるフラッシングは、同サイズクラスのミノーのなかではMAX級のアピールを備えます。ベイトの群れを散らすイメージでジャークしてみてください。きっといい釣りできますよ！

一、ベイトを散らしてスイッチを入れる。

一、最後の最後は、バスにルアーをぶち当てて目を覚ます。

以上、防寒対策をしっかりして、冬バス釣りを楽しんでください。

MPS（ボトムアップ）

これは霞ヶ浦水系のようなマッディーシャローレイクや小河川、野池などのような、小さいエビを食べているフィールドにおける究極のチョイスですね。バスのいるレンジがある程度特定できているならダウンショット、杭などに沿ってフォールさせながら釣っていく場合はスモラバトレーラーとして使うのがオススメです。ハイシーズンのようにルアーを追いかけて食うということが少ないので、じっくり丁寧に誘ってやることが重要になります。これでダメならば……諦めましょう（笑）

ハードコア ニンジャトゥイッチングライダー（デュエル）

真冬の１発ねらいで外せないのがビッグベイト。決して簡単ではないものの、釣れればデカいハイリスク・ハイリターンな釣りは、ハマるとやめられません。イメージからテクニカルな釣りと思われがちですが、基本的にはヤル気のある魚をねらっていくイージー（?）な釣り。このルアーは、同サイズクラスのＳ字系のなかでもアピール力はMAX級。ただ巻きが基本ですが、ジャークベイトの釣りをイメージしてトゥイッチかデジ巻きでギラギラさせると、下のレンジにいるバスを呼ぶことができます

ハードコア フラッシンバイブ（デュエル）

メタルバイブでは獲れない冬のバスを獲るために作ったルアーです。ただ巻きやリフト＆フォールもいいんですが、ボトムで倒れないバランス設定と幅広のノーズ部による障害物回避能力の高さを生かし、スピード速めのズル引きで使うのがオススメ。同じ65㎜サイズのバイブレーションと比べると５ｇ近く重いので、より底を取りやすく、さらにクイックな動きでリアクションバイトを引き出すことができますよ。根掛かった場合は、ロッドを立ててゆすってやれば高確率で外れるので、強気に攻めてください

IS200（イマカツ）

低水温期の巻きならコレ！　というくらい信頼してるルアー。タイトでハイピッチなウォブンロールアクションと、それによる色調変化＆フラッシングでリアクションバイトを誘発します。とくに、消波ブロック帯や石積み、ゴロタ場などで実績が高いですね。固定重心でありながらキャスタビリティーも高いので、強風時でもストレスなく使用できます。レーシング仕様のため、荒い使い方は御法度。ゴミやウイードが引っ掛かってきてもルアーを水面に叩きつけたりせず、手で外すようにしましょう

2.5inレッグワーム（ゲーリーインターナショナル）

いつでも＆どこでもなレッグワームですが、もちろん冬でも頼りになる存在です。ボトム系の釣りにおいては、手堅さナンバーワンと言ってもいいんじゃないでしょうか。使い方はもちろんダウンショットリグ。20〜25㎝くらいのリーダー長を基本に、魚のいるレンジに合わせてリーダーの長さを変えます。個人的には、ショートリーダー・ヘビーダウンショット（シンカーは5〜10gくらい）で、消波ブロック帯などでリアクションバイトをとっていく釣りにも多用します

数々の爆釣劇を
生んだ
琵琶湖発ローカル・ベイト

ミヤビバイブ

かつて琵琶湖・湖西にあった半魚人というショップで販売されていたハンドメイドルアー。ボディー長が約８㎝と、市販されているメタルバイブレーションよりも大ぶりで、リフト＆フォール時の振動も強め。ということで、MAX級のアピールでバスを叩き起こしたい場面で使用します。ストックが10個くらいしかないので、ロストが怖くて使えないのがネック。簡素な造りなので自作すればいいんですが、不器用なもので……

ハイカットSP（O.S.P）

冬バスフィッシング必須ルアーのひとつであるシャッド。ハイカットは、数あるシャッドのなかでも扱いやすく、幅広いシチュエーションに対応できるルアーだと思います。持ち味であるキレのあるアクションは、低活性な冬バスにもスイッチを入れやすいと感じますね。キャスタビリティーが高く、スピニングタックルでもベイトタックルでも扱いやすいというのも大きな魅力です。２ｍ前後の水深までカバーしますが、リザーバーなど水深の深い釣り場では、DRモデルをチョイスします

27th LOVE!

濁りにまつわる思ひ出

濁り。それは、時として爆釣モードへと誘い、時として激渋モードへと引きずり込む、魔性の自然現象。そんな濁りを味方につけるための考え方とルアーをご紹介します。濁りはトモダチ！

濁りを「良い・悪い」の二元論でとらえず水中のイメージを脳内に描く

今回のテーマは「濁り」。

「濁りが入ると釣れる」、「濁りが入ると沈黙する」と、濁りに対するとらえ方は人それぞれ。実際のところ、状況によっても大きく変わるし、プラスになる濁り、マイナスになる濁り、いずれも存在するので、濁ったから釣れるor釣れないと断言するのはナンセンス。

とはいえ、自分的には、ほかの釣り人が敬遠するような強烈な濁りの中でよい釣りをした経験も多く、基本的には濁りをポジティブにとらえることが多いです（悪質な濁りであっても、逆によい場所を絞り込みやすいので、結果的にはポジティブ）。

濁りの中では、バスやほかの魚たちは、どう動いているんだろうか？　ということをイメージしながら釣って行くというのが自分的な原則です。魚たちが濁りに向かって泳いで行くのか、濁りを嫌ってシャローカバーに入り込んでいるのか、濁流の真ん中で泳いでくるベイトフィッシュを待ち構えているのか。濁った場所にエサがたくさん集結して、そのエサが食べやすい状況になるならば、濁りの中でもアクティブに動き回るかも。

逆に、生命の危険を感じるような濁りであるならば、安全な場所に避難して、ジッとしているんじゃなかろうか、とか。普段はハイプレッシャーで口を使わないクリアレイクのバスも、濁りの中でなら、間違って口を使ってくれることも増えるかも……？　などなど。

あと、人間よりも鋭い感覚を持つ魚

パワーベイトシリーズ

（バークレイ）

「濁りの中で匂いは効くか？」。これは結構皆さん気にされるテーマのひとつではないでしょうか？ちなみに、自分は「効く」派。それはかつて、バークレイのパワーベイトが世に出回り始めたころ、まだバスが１日で20尾も30尾も余裕で釣れた時代の話。仲のいい友人と一緒に、スライダーワームと、ほぼ同じ形のパワーベイト（もちろん、色も同じ）で比較した際、バスが視覚でワームを追えるクリアな水質のときはそれほど差が出ないのですが、濁りが増せば増すほど、釣果の差が大きくなるという経験を何度もしました。とくにボトムの石や地形変化にステイさせているような釣りの際にその差を感じることが多かったことから「匂いのパワーってあるんだな」と感じ、今に至っています。もちろん、アクションや水押し、テクニック的な要因など、重要なファクターはほかにもあるので、匂いだけがすべてだとは思いませんが……

検証の結果、濁りの中でもニオイは効く！ と判断しました

NOI-Z Jr（デュエル）

これは、晩秋の山中湖、水深50cm～１mのシャローで火を噴きました。水温は15℃を下回っていて、普通ならそんな浅いところにバスはいないし、ましてやトップにも出ないであろうタイミングでしたが、急激な水温低下によるターンオーバーでウイードの沖側は激濁りしていて、水のよい場所がウイードインサイドの激シャローしかなかったんです。そこに、ベイトフィッシュもバスも集結していたんですね。でもその場所でも、中層より下は濁り気味の水があって、表層のほうが水質がよかったので、魚はみんな浮いていたということ。結果、季節はずれのトップウォーター爆釣劇が繰り広げられたというわけです

と比較するのもどうかな？　とは思いますが、バス釣りにおいては擬人化も有効な手段だと感じています。我々人間が、猛吹雪や濃霧でホワイトアウトした中に置き去りにされたらどうするだろう？　食べ物はどうする？　音が鳴るものが近づいてきたら、興味を持つ？　それともビビる？

さらに、その雪や霧が毒性のものだった場合は、どう対処を？　濃霧だと思っていたのに、実はバーベキュー祭りの最中で、肉を焼く煙が超絶なまでに充満しているだけだとしたら……？

そんな風に想像力を働かせて考えるようになってから、濁りに対する苦手意識も薄れ、釣果も伸びるようになりました。そんな気づきを与えてくれたルアーたちをご覧あれ。

ラバージグ＋ブラッシュホッグ（ZBC）

「濁ったらシャローカバー」とシャカリキにカバーを撃ちまくっていた時代、メインルアーはMT'Sパドルのテキサスリグでした。そこに現われた黒船的ルアーがブラッシュホッグ。当時のワームのなかでは圧倒的な存在感を誇るバルキーボディー。もちろん、テキサスリグでもよく釣れたんですが、こと濁りのきつい状況においては、ラバージグとの組み合わせが効くことが多かった。テキサスリグよりもシルエットが大きくなって水押しも強くなるので、濁りの中でもしっかりアピールしてくれるんじゃないかな？　という、ごくごく当たり前のことですが、当時の自分には世紀の大発見に思えました（笑)。でも、今になって思えば、１個数百円するラバージグをロストしたくないという思いで、知らず知らずのうちに釣りが丁寧になっていたというのも、よく釣れた理由のひとつじゃないかと思ったりもするわけですが……

ニンジャスイマー180F（デュエル）

ブラックデュラゴン（シグナル）

以前､「オカッパリオールスター」に呼んでいただいたとき、主軸として用意していたのが、濁りのひどい水路でのビッグベイトパターンでした。結果、１尾のみしか釣れませんでしたが､「こんな場所で、こんな釣り方あるんだ⁉」と衝撃を受けたという声も多く聞きました。クランクベイトやスピナーベイトじゃないのは、単純にビッグベイトのほうがデカくて、バスに見つけてもらいやすいと思ったから。あと、勝負なので、大きい魚だけを選んで効率的に釣りたかったというのもあります。実は、このときには既にニンジャスイマーの最終プロトも用意していたんです。それでもブラックデュラゴンを投げたのは、小場所ゆえ、目立つルアーとはいえ少しでもプレッシャーを軽減できるように釣っていきたかったから。ニンジャスイマーのような強い波動で押し切っていくルアーだと、バスが次々と回ってくる大場所や、１発ねらいでストレッチをひと流しするぶんにはいいんですが、１ヵ所を長く釣り続けるというのは難しくなってくるんです。ブラックデュラゴンの場合は、比較的ナチュラルな波動で余計なプレッシャーを与えづらいので、小場所で粘るのにも使いやすい。似たようなビッグベイトでも、キャラクターがまったく違う。濁っているから魚を騙しやすいというのはもちろんあるけど、だからと言って、釣りが雑になっていいわけじゃない。濁っていても、シビアな部分はシビアに考えるべきかと

改造ビッグバド（へドン）

これだけの高浮力かつ強波動アクション＋ブレードのカンカンサウンドですから、濁ったときなんてとくに強い。ということでさらにアピール力を増すために、ブラスラトルをぶち込んでみたのが写真のバド。結果は……、サウンドは派手になったものの、自重が増したために動きが落ち着いて、元々の破壊力がなくなってしまったというオチ。「濁りの中で、サウンドは重要な要素だ」と言われることは多いですが、ラトルの存在によってアクションのレスポンスや強さが損なわれるなら、それってどーなの？　と疑念を抱くきっかけになった出来事でした

3DBスクエアリップ（ヨーヅリ）

数年前、大雨直後でカフェオレのような白茶色濁り＆魚も押し流されそうな超激流の霞ヶ浦水系小規模流入河川で、このルアーで爆ったことがあるんです。水色も汚く、いかにも釣れなさそうな雰囲気で、ほかの釣り人も、水面を見た瞬間、すぐに引き返していくような状況です。自分自身、仕方なくその場所にエントリーした感じで、正直ヤル気も出ないなか、苦し紛れに、根掛り上等でこのルアーを投げたら、嘘のような入れ食いになりました。しかも釣れるのは、岸際じゃなくて、川のど真ん中の何もないところ。流れを遡上してくるベイトフィッシュを待ち構えていたんだと思いますが、人間がヤル気をなくすくらいの激濁りでも、ベイトフィッシュもバスもヤル気マンマンになることがあるんだな、というのを改めて思い知らされました

『Basser』2015年12月号（No.288）にて行われた「オカッパリオールスター」のチバラキ・キャノンボール大会にて。霞ヶ浦水系の激濁り水路でブラックデュラゴンのクランキングが炸裂した

28th
LOVE!

「俺の勝負ルアー」を選んでいたらストレートワームだらけだった件

ここに紹介するのは、これまでの自分のバスフィッシング人生の中で、トーナメントなど、本気の戦いの場で活躍してくれたルアーたち。リアルにガチなチョイスなので面白味はないかもしれません。何卒、ご容赦願います……。

一度でいいから勝負の場へ

自分は正直、勝負事にはあまり興味がありません。もともと、勝ち負けに対するこだわりも薄く、結果より内容、客観的評価より主観的評価、人との勝負より自然との対話、というタイプなので、そもそも勝負向きな性格ではないんだと思います。

人の勝負を見るにしても、応援している選手が勝つのはもちろん嬉しいんですが、その裏側にあるドラマや人間模様のほうが気になっちゃうので、結果だけを見て「オォ〜ッ!!」てなるようなことは少ないかもしれません。

とは言え、自分を試す場としてトーナメントなどに出るのは大好きです。勝とうが負けようが、その時点でのベストを尽くして全力で戦うということは、何物にも代えがたい心地良さがあります。また、たとえ自分がノーフィッシュでも、誰かは必ず釣ってくるわけで、それを学ぶことができるというのも勝負の場だからこそ。

もちろん、結果的に勝てたり入賞できたりすれば嬉しいし、それは自分の努力の裏付けなので、今後の励みにもなりますよね。

また、トーナメントのように、限られた試合時間、レギュレーションの中でベストなパフォーマンスを発揮するためには、色々なことを効率化していく必要があります。自分も、トーナメ

ワグズスティック（MT'Sベイト）

３度目の登場（笑）。バスオブジャパン新利根川戦で２位になったときや、某雑誌の人気対決企画に出た際にメインで使用したルアーです。ボディー形状が左右対称なので、ノーシンカーワッキーやジグヘッドワッキーなど、フックを真ん中に刺すタイプのリグで使います。何のひねりもない形状ですが、高比重マテリアルと相まってコントロールがしやすく、とにかく釣れるんですよね

バスオブジャパン
桧原湖戦のウイニングルアー

フラッシュストレート（フラッシュユニオン）

こちらも２度目！　ですが、このテーマならやっぱり外せない！　バスオブジャパン桧原湖戦で優勝したときのメインルアー。そのときのメインパターンがネコリグだったんですが、スイミーバレット、ブレーバーなど、他のワームでも釣れたものの、なぜかこいつで釣れる魚だけサイズが大きかったんです。理由は正直わかりませんが、それ以来、スモールマウスねらいでは絶対に欠かせない存在になりました

ントに参加するようになって、思考も道具立てもかなりシンプルになりました。

　紹介しているルアーの半分以上がストレートワームというのも、その表われ。もちろん、ほかのタイプのルアーを使わないわけではないんですが、良い戦いができたときはストレートワーム（とくにネコリグ）がメインになることが多かったということ。すなわち自分は、とんだネコ野郎だった……ということになるわけです。

　ただ、それも逆に言えば、ネコリグにそれだけのコンフィデンスを持てているということの裏付けでもあります。

　この本を読んで下さってる皆さんは、どちらかというと、「あまりトーナメントなどには興味ない」という人が多いかもしれませんが……、草大会でも構いませんので、機会があれば是非参加してみて下さい。「釣り大会のあの雰囲気が苦手で」という人もいらっしゃる

スライディングジグ（デプス）＋
ベアクロー（ストラッグルアーツ）

ベアクローは、自分が人生で初めて監修したルアーです。そして、今をときめく木村建太プロの手により、琵琶湖オープンのウィニングルアーにもなったんです（写真の組み合わせ）。その経験が“トーナメントの勝利に貢献できるルアーを作りたい”という、その後のルアー作りのモチベーションの源になったんですね。……ってこの話、ほかのパートでも取り上げているエピソードなので、「またかよ～？」という方もいらっしゃるかもしれませんが、そこはご容赦を（笑）

スイミーバレット（サワムラ）

勝負の鬼・沢村幸弘プロ監修ということで、もはや存在自体がガチ！　自分が生まれて初めてトーナメント（身内大会などを除く）で入賞したのが、バスオブジャパンの桧原湖戦だったんですが、その時メインにしていたのがスイミーバレット3.8inのネコリグでした。とにかく釣れすぎて、試合中、４袋用意していた手持ちを全て使い切ったほど。ネイルシンカーが底を尽きそうになり、ヒヤヒヤしながら釣りしたのを思い出しますね

と思いますが、それは自分も同じ。そこは、まあ、目をつぶりましょう（笑）。

自分も、近年は事情が重なり、バスのトーナメントにはあまり参加できていませんが、状況を見て、またトーナメントに復帰したいなと思っています。もしどこかの試合会場でお会いした際は、お手柔らかにお願いします（笑）。

ブレーバー（ボトムアップ）

トーナメントに限らず、自分のバスフィッシングには欠かせないワームです。かつて参戦していたバスオブジャパンの試合なんかでも、優勝、入賞した試合では、かなりの率で使用していました。ネコリグ8割、ダウンショット2割という感じで使用しますが、いずれも、写真のようにテールをカットして使うのが、自分的なこだわり。理由はバスに聞かなければわかりませんが、ハイプレッシャーな場所ほどその効果を実感しています。是非試してみて下さい

アップラッシュ（M.O.S）

その昔、JB桧原湖に出ていた若者が「ビビるくらいに釣れる謎のワームがあるんです」と教えてくれたのが最初の出会い。その後、城井さんという七色ダムの名手と同船させていただき、このワームの凄さを目の当たりにしました。似たような形・サイズのワームを投げても食わないバスが、これなら疑いもなく食う様は、本当に衝撃でした。それ以来、ガチ勝負の時は欠かさず用意しています。流通量が少ないうえに、ガチ勢の指名買いが入るので、入手しづらいのが難点です

SVSB（ディスタイル）

2019年のバサーオールスター・ワイルドカード七色ダム戦で活躍してくれたルアーです。プラに付き合って下さった先輩から「メチャクチャ釣れるから、試してみて」と渡されたんですが、プラの際には一度も投げず……。で、試合当日、本当に困っちゃったので試しに投げてみたら、あれよという間に連発。残り時間わずかで掛けたロクマル（推定2.5～3kg）が獲れていれば優勝でした

このルアーにしか
反応しない
状況が確実にある

スワンプミニ（レインズ）

無駄な色気は出さず、確実に釣果を重ねるための超現実主義なワーム。かつての今江プロの名言「エアリアルとミートヘッドがあれば食っていける！」ではありませんが、「スワンプミニがあれば食っていける！」と思っているライトリグ・ガチ勢はきっと少なくないはず？　少なくとも自分の周りには、そういう人が何人もいます。そして自分も、その内のひとり。ネコ、キャロ、ダウンショット、何でもOK。このシェイプ&シルエットが、リミットメイクの黄金律！

29th LOVE!

地に足付けた実用的〝ちょい古〟リール

バスタックルの花形とも言えるリール。毎年毎年、魅力的なニューモデルが発売される度、「欲しいけど、小遣いが……」と涙する人も多いのでは？　ということで、ちょっと古いけど安くて使えるリールを、ドーンとご紹介！

小遣いバサーの悲哀

今も昔も、フィッシングショーの目玉と言えば、やっぱり最新モデルのリールですよね。近年も、ダイワから発表されたＩＭＺなどが、大きな話題となりました。

自分のようなオジサンには、「バスフィッシングは、一体どこに向かって行ってしまうんだ……」というまた別の驚きもありましたが、そうは言ってもこういう新しいモノって男心をくすぐります。

ということで、本項のテーマは「リール」。なんですが……、実を言うと、リールって自分の最も不得意な分野。いやいや、もちろんリールは好きだし、自分なりのこだわりもなくはないんですよ。でもね、釣具の花形とも言えるリールなんですが、ワタクシ、リールに関しては、ある種〝あきらめ〟的な感情を持ってしまっているんです。

というのも、世のお父様方にならわかっていただけると思うんですが、リールってそうそう気軽に買える物ではないじゃないですか？　毎年ニューモデルが発表されるたびに、「いいなぁ。欲しいなぁ」とは思うんですが、いかんせん家計的な問題もあり、嫁の目もあり、あきらめざるを得ないこともしばしば。若かりし頃のように、独身で小遣いも自由に使えて、1～2本のタックルでオカッパリ！　というのなら、新製品が出る度にリールを入れ替えるということも可能かもしれません。

しかし自分の場合、近年はボートフィッシングの比率が高く、タックルも複数本、時には10本前後用意することがほとんど。さすがに、そのリールを

スピンニング編

09コンプレックス（シマノ）

高剛性なマグネシウムボディーでパワーフィッシングにも最適。いまだに愛用しているエキスパートも多いモデルですね。自分自身も、PEラインを使用したパワーフィネスのメイン機として使用しています。今どきのものと比べると若干持ち重りがする感じもありますが、パワーフィネス系のロッドと合わせると、逆にバランスよくシックリくるんです。中古市場でもなかなか見掛けなくなってきたうえにパーツの供給もなくなりつつあるので、これが壊れたら別のモデルに買い替えですかね（泣）

13コンプレックスCI4＋（シマノ）

15ルビアスと並ぶ現在のメイン機。自分はスペック厨ではないのでマニアックなことはよくわからないんですが、使用感だけで判断するなら現行モデルにも全く引けを取らないのでは？　と思っています。とくに気に入っている点はAR-Cスプールによるイト抜けのよさとライントラブルの少なさ。あとはラピッドファイアドラグ。遠くで魚を掛けたときや大型魚とのやり取りでのアドバンテージは大きいですね。飛距離を稼ぎたいＩ字系の釣りや、ロングキャストでの攻めを多用するオカッパリでもオススメです

2024年現在も主軸を担う ニンジャ的メイン・スピニングリール

全部総入れ替えするというのは大変。せめて巻き物用だけとか、撃ち物用だけとか、同じ系統の釣り用くらいは機種を揃えて使用感を統一したいと思ってちょっとずつ入れ替えていくにしても、全て入れ替わったときには、また新しいモデルが……というスパイラル。

ニューモデルが出るたびに、「リール入れ替えました〜！」的なことが出来るのは、お金持ちかメーカーから支給される人たちだけの特権なんだと、あるときを境にあきらめてしまいました。

“ちょい古”をねらえ！

そんなこともあり、自分の使用しているリールは一世代以上前の物がメイン。現行モデルはほぼ使っていません。買うにしても特価品や中古品、あとは友人・知人からのお下がりがほとんどです。なにせ自分の場合、釣具はほぼ全てが自腹購入。

もちろん、釣具以外にもお金は掛か

るわけで、交通費やボートに使うお金なども含めるとかなりの出費になります。しみったれたことは言いたくないんですが、自分レベルの収入では、正直まあまあキツイ……。別に卑屈になってるわけじゃありませんよ！　極論になっちゃいますが、魚、とくにバスを釣るうえでの優先度で言うと、自分の場合は道具よりも場所選びやアプローチ、技術のほうが重要。自分が必要とするだけの性能、機能を備えているリールであれば、最新モデルでなくても、どうにかできちゃうもんです。

　ちょっとくらい古くたって、釣りをするうえで問題がなければ、それで上等。上等どころか、自分が近年嗜んでいるエリアトラウトなんかは道具に対してシビアな人たちも多く、単なる懐古趣味ではなく、あくまでも性能的な視点であえて古いモデルのリールを使い続けているエキスパートアングラーも少なくありません。

　もちろん、長く使えば愛着も湧きますし、自分の性格上、愛用している物に対して感情移入してしまいがちなので、新しい物が出たからと言って、すぐにポンポン入れ替えて行くのは、ちょっと気が引けちゃうところもあります。やっぱり、物も人も、長い付き合いを大事にしたいものです。

　そんなわけで、今回は現在自分がメインで使っている、チョイ古&安くて使えるリールたちを御紹介したいと思います。

　最後にこれだけは言わせていただきたいんですが、業界人としては釣具業界を盛り上げるために、最新のリールもバンバン使いたいし、お金も落としたいんです。中古屋さんは超絶大好きだし否定もまったくしませんが、「中古のチョイ古で充分。新製品なんて必要ない！」っていうスタンスでは決してないので、そこだけはわかって下さい。うちの兄ともよく話すんですが、「釣具なんて所詮道具だし……」とか言うんじゃなくて、釣りが人生において最高の趣味だと思うなら、金に糸目をつけず、本当に気に入ったものを使おうぜ！　というのが本音です。

　いつの日か、新品のイグジストやステラを気兼ねなく使える日が来ることを夢見て、汗水流して頑張りたいと思います！

スピンニング編

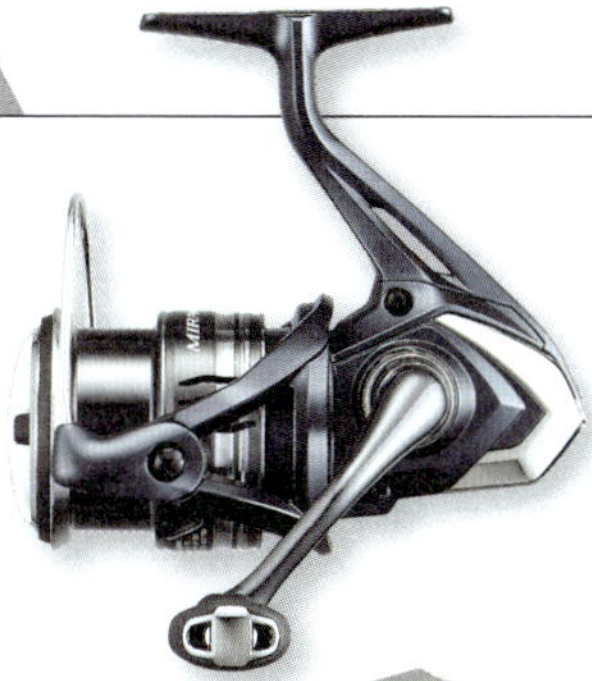

ミラベル（シマノ）

エリアトラウトのムック本のリールインプレ取材で触らせてもらったんですが、そのときの衝撃たるや。発売から日が浅いので、中長期的な使用での耐久性はこれからの判断になりますが、軽さ、使用感、質感、全てにおいて、実売価格１万円そこそこのリールでここまでやるかと……。好みの問題もあるし、細かいことを言えばツッコミどころもなくはないですが、バスフィッシングやライトゲームであれば必要十分のスペック。初心者の方にも安心して薦められるリールですね

月下美人MX（ダイワ）

元々は、うちの子がサンタさんにプレゼントしてもらった物なんですが、自分が気に入っちゃって、借りパク状態になってるリールです（笑）。18フリームスがベースのライトソルトモデルなんですが、スプール支持部に２個のベアリングが配され、ドラグの安定性がUP。自分は、0.2号とかの極細号数PEを使用する釣りで使っていますが、現状不満はありません。ハイギアモデルの設定はないものの、アジングやエリアトラウトにも流用できるので、一台持っているとかなり遊べるリールだと思いますよ

15ルビアス（ダイワ）

これと13コンプレックスCi4+が現在の自分のメイン機。ドラグの出方に安心感があるので、ボートなどの近距離戦でライトラインを使用する釣りではメインに使っています。ちなみに、スプール、スプール受け、ラインローラー、ハンドルノブにベアリングを追加してフルベアリング化しています。かなり使い込んでいることもあって巻き感も軽くなっておりノイズも少ないので、ミドストやホバストなどの繊細な釣りもやりやすいですね。４Lb以下は2004H、５Lb以上は2506Hを使用しています

18フリームス（ダイワ）

ガイド時の貸し出し用などサブ機として使ってますが、必要充分の軽さと堅牢さを備え、よほどの繊細さを求める釣りでなければ、これでやり切れちゃうレベル。ねじ込み式ハンドルでカッチリした使用感も素敵です。スプール支持部にベアリングがないため、ドラグワークの必要なライトラインの釣りには不向きかと思いきや、このリールに３Lbのラインで岩に擦られながら59cmを獲れた実績も。中古市場では定価の半額以下で買えることも多いので、倹約家アングラーにもオススメです

ちょい古リールはカスタムで生まれ変わる！

①自分好みのカスタムをするというのも、チョイ古リールの楽しみのひとつ。ハンドル交換やベアリング交換などは、自分でも比較的イージーにできて効果も体感しやすいのでオススメ。ただしメーカー修理を受けてもらえなくなる可能性があるので、自己責任でお願いします

②廉価版～中堅クラスのスピニングリールは、軸受け部やラインローラーなどのプラスチック・カラーをベアリングに交換するだけで、かなりの性能アップを図ることが可能。自分のリールも、全てフルベアリング化しています。ただし、やはりカスタムとみなされ、メーカー保証を受けられなくなる可能性があり、こちらも自己責任で

ベイト編

撃ちも巻きもそつなくこなす、素晴らしきちょい軽ベーシック

バスX
（ダイワ）

「低予算で新品が欲しい」という初心者の方にオススメのベイトリール。軽い物も投げれなくはないんですが、基本的には10g程度がストレスなくキャストできる下限。とは言え、初心者の人ほど、ある程度のウエイトのルアーでしっかりとサオにルアーの重みを乗せて投げる感覚を身につけていただきたいので、軽いものが投げにくいというのは、あまり問題じゃないと思います。ハイギアしかないので、引き抵抗の大きな巻き物はやりづらいものの、それ以外の釣りはそつなくこなせます。なかなかいいですよ、コレは！

アルファスSV（ダイワ）

ベイトフィネスよりもちょっと重めのクラス担当。ギア比5.8のモデルはちょい軽めの巻物に、ギア比7.2のモデルは、ライトテキサスや高比重ノーシンカーなどの撃ち物や小型のミノーやトップウォーターなど、ロッドワークで操作するプラッギングに使用。アルファスシリーズは初代から使っていて、シェイプが手に馴染みまくっているので、もはや外すと釣りするのが不安になるレベル（笑）。個人的に、SVスプールはイト巻量少な目で使うのが気持ちいいので、ボート専用機として使ってます

16アルデバラン BFS（シマノ）

実を言うと、自分のメインのベイトフィネス機はいまだに初代アルデバランなんです。とは言え、それはあくまでもK.T.F.チューンしたもの。初期のベイトフィネス機は、パフォーマンスを出すためにはある程度のチューンが必須でした。そんななか、吊るしの状態で誰にでも扱いやすい16アルデバランの登場は衝撃でしたね。もちろん操作性やトラブルレス性能など、最新の物のほうが上なのは重々承知なんですが、今でも第一線で通用するほどの完成度。程度のいい個体が多いうちに買うのが吉です

クロナーク CI4＋（シマノ）

スピナーベイトやチャターなど重めの巻物のメイン機。深溝でラインキャパシティも多いんですが、キャスト時の失速感もなく、気持ちよくカッ飛んでくれます。メタルボディーのものと比べると剛性という点では劣るので、ディープクランクなどのような引き抵抗の大きなルアーには使いませんが、決して非力というわけではないです。スペックだけで判断すると中途半端な印象はあるかもしれませんが、自分にとっては現状欠かせないリールですね

17タトゥーラ SVTW（ダイワ）

発売時、「ライントラブルが少なくてスキッピングもやりやすい！」的なプロモーションで注目を集めましたが、まさにその通り。太めのラインとも相性がよく、テキサスリグなどの撃ち物やフットボールジグなどの底物に使ってます。後継モデルも素晴らしいんですが、重めのルアーを使ううえではこの17モデルのほうが個人的に好きですね。自分が使用しているのはギア比8.1のモデルのみ。ハンドル長がやや短いのが不満なので、90㎜に交換して使ってます

フルレンジ（テイルウォーク）

自重168gと軽量かつコンパクト&ローダウンなボディーで、長時間のロッドワークも楽にこなせます。ブレーキシステムに多少のピーキーさはあるものの、セッティングが決まればメチャクチャぶっ飛ぶし、ラインキャパも多めなので太糸で遠投したい場面でも余裕アリ。さらに、華奢な見た目に反してボディー剛性は高く、大型魚とのやり取りでも不安なし。と、そんなわけで琵琶湖のトップウォーターゲームでは、こいつばかり使ってます。遠距離戦では、ギア比8.1のモデルが使いやすいです

カシータスMGL（シマノ）

このリールが発売された当初、伊藤巧プロがフリップドムをスキッピングしてる動画を見て、即購入しました（笑）。実際にスキッピングもしやすいし、ベイトフィネス以外の用途であれば、ルアーも気持ちよくカッ飛んでくれます。自分自身、現在はガイド時の貸し出し用などのサブ機として使ってますが、中古価格もかなりこなれているので、低予算でタックルを揃えたいという初心者の方にもオススメの一台です

15クラド（シマノ）

高い剛性と堅牢さを誇るヘビーデューティー仕様。発売当初よりガチ勢からの評価も高く、とくにギア比5.5のローギアモデル「PG」はいまだに高い人気を誇りますよね。元々上質な巻き心地とかではないし、使い込むほどにノイズも入りやすくなるんですが、ラフな使用でも全然壊れないのが頼もしい。ビッグベイトやアラバマリグなどの重量級ルアー、パンチング、フロッグなんかは専らこれです。巻き上げ時のパワーが欲しいので、110㎜のロングハンドルに交換して使ってます

「これだけは絶対に売らない！」思い出の一品

アンバサダー4600C（アブ・ガルシア）

これは、自分のお金で初めて買ったベイトリール。自分で言うのもなんですが、自分はまあまあキャストが上手い方だと思います（笑）。それは間違いなく、このリールを使い込んだおかげ。最初は苦戦の連続でしたが、ロッドのしなりとパワーをフルに生かすこと、バックラッシュさせず飛距離を伸ばすスムーズなキャスト動作……。すべてはこのリールが教えてくれました。上手くなりたい人は、矯正ギブス的にオールドなリールを使い込んでみるのもいいかもしれませんよ

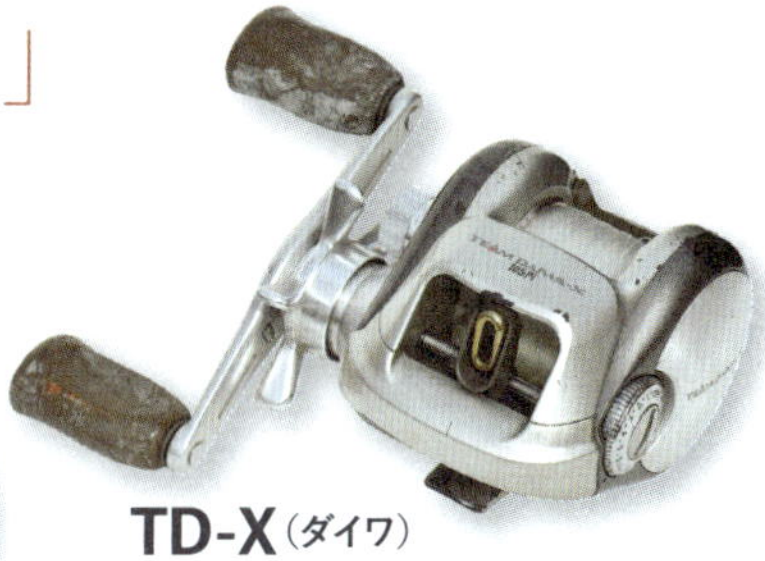

TD-X（ダイワ）

自分的に、TD-Zと初代アンタレスが現代ベイトリールの礎。その一歩手前で王手を掛けたのが赤メタ、銀メタ、TD-Xだと勝手に思っています。ガイドのお客さんでも、それらのリールを持ってこられる方がたまにいらっしゃるんですが、今時のものと比べても遜色なく使えるレベル。これを開発した人は本当にすごいと思います。メンテナンスも必要なうえに修理部品も少なくなってきてはいますが、時代はまさにSDGs。捨てたりせず大切にして貰えれば、地球もリールたちも喜ぶと思いますよ

古今東西、
私が愛したルアーたち。

2024年12月1日発行

著　者　センドウタカシ
発行者　山根和明
発行所　株式会社つり人社
〒101-8408 東京都千代田区神田神保町1-30-13
TEL　03-3294-0781（営業部）
TEL　03-3294-0766（編集部）
印刷・製本　港北メディアサービス株式会社

乱丁、落丁などありましたらお取り替えいたします。
ISBN978-4-86447-745-1　C2075

つり人社ホームページ　https://tsuribito.co.jp/
つり人社オンライン　https://web.tsuribito.co.jp/
JAPAN ANGLERS STORE　http://japananglersstore.com/
つり人チャンネル（YouTube）
https://www.youtube.com/@tsuribito-channel